『拝読 浄土真宗のみ教え』の味わい

Fujii Kunimaro
藤井邦麿

発刊にあたって

浄土真宗では、宗祖親鸞聖人の「御消息《ごしょうそく》」や蓮如上人の「御文章《ごぶんしょう》」をはじめとして、伝統的な伝道方法として、歴代宗主のお手紙が大きな役割を担ってきました。これらのお手紙は、浄土真宗のみ教えに出遇《あ》ったよろこびから、信心の表白《ひょうびゃく》となっているとともに、それ自身が仏徳讃嘆《ぶっとくさんだん》であり、さらにはみ教えを伝えるための教義宣布《きょうぎせんぷ》の役割を担《にな》っているものでした。

近年では、このようなお手紙の精神を受け継ぎ、二〇〇九（平成二十一）年に親鸞聖人七百五十回大遠忌を前にして、現代の「御文章」や「領解文《りょうげもん》」とも言える『拝読 浄土真宗のみ教え』が発刊されました。内容は「浄土真宗の救いのよろこび」、「親鸞聖人のことば」や季節の折々の行事に合わせたことばを集めたもので、現在では、本願寺のお晨朝《じんじょう》でのご法話の際に拝読されていることはもとより、さまざまな機会に『拝読 浄土真宗のみ教え』に基づいたご法話がなされるようになりました。

当社でも刊行に合わせて、『拝読 浄土真宗のみ教え』の内容を詳しく知っていただき、より身近なものとして味わっていただくために、月刊誌『大乗』にご法話を連載してきました。本書はこれをもとに編集し、単行本として発刊するものです。

ある教育学者であった先達《せんだつ》は、「学ぶ」ということについて、

学ぶとは、いつでも、何かがはじまることで、終ることのない過程に一歩ふみこむことである。（中略）学んだことの証《あか》しは、ただ一つで、何

かかわることである。

といわれています。「何か」とは、ものの見方、考え方、生き方、それともわたくし自身、――それこそが、親鸞聖人や蓮如上人がお手紙を通して語られたものでしょう。

このご法話が機縁となり、親鸞聖人のおことばとの出遇いが人生の扉を開き、浄土へ向かってともに生きる第一歩となりますよう、願ってやみません。

本願寺出版社

『拝読 浄土真宗のみ教え』の味わい——目次

折々のことば

浄土真宗の救いのよろこび

阿弥陀如来《あみだにょらい》の本願《ほんがん》は
かならず救《すく》うまかせよと
南無阿弥陀仏《なもあみだぶつ》のみ名《な》となり
たえず私《わたし》によびかけます

このよび声《ごえ》を聞《き》きひらき
如来《にょらい》の救《すく》いにまかすとき
永遠《とわ》に消《き》えない灯火《ともしび》が
私《わたし》の心《こころ》にともります

如来《にょらい》の大悲《だいひ》に生《い》かされて
御恩報謝《ごおんほうしゃ》のよろこびに

南無阿弥陀仏《なもあみだぶつ》を称《とな》えつつ
真実《まこと》の道《みち》を歩《あゆ》みます

この世《よ》の縁《えん》の尽《つ》きるとき
如来《にょらい》の浄土《じょうど》に生《う》まれては
さとりの智慧《ちえ》をいただいて
あらゆるいのちを救《すく》います

宗祖《しゅうそ》親鸞聖人《しんらんしょうにん》が
如来《にょらい》の真実《まこと》を示《しめ》された
浄土真宗《じょうどしんしゅう》のみ教《おし》えを
共《とも》によろこび広《ひろ》めます

(『拝読 浄土真宗のみ教え』二～三頁)

はじめに――「拝読」について

『拝読　浄土真宗のみ教え』の中の各項目のことばは、親鸞聖人（一一七三～一二六三）の著述の中のおことばです。自分の気持ちを加えず、素直な心で頭を垂れ、読ませていただきましょう。

次に「読」について、三つに分けて考えることができます。まず第一に「黙読」です。お仏壇の前や、自室で心静かに落ち着いて目を通して読むことです。一日の生活のスタート前や、就寝前でも結構です。

二番目は、口を通して声に出して読むことです。わたくしはご門徒のご法事ではいつも『正信偈・和讃』を拝読しています。

ご法事の席は、浄土真宗のご門徒だけではありません。他の宗派、他の宗教の人、時には無宗教の立場の人も縁者としてお参りされています。常に聖典を持参し、各人に手渡して、おつとめの基本的なことだけ説明して一緒におつとめをします。そして、お斎《とき》（食事）の時間になると「意味はよくわかりませんが、声に出してお経《きょう》を読むと心が落ち着いて、自分がご法事にお参りをしたという思いが強く感じられます」といった感想を折々に述べてくれます。

わたくしは「いま、拝読したのはお経ではありません。親鸞聖人が書かれたものです。しかし、わたくしたちは、釈尊が説かれたお経と同じような心持ちで拝読させていただいています」と応じます。

わたくしはこのたび、本書を執筆することに際して『拝読 浄土真宗のみ教え』の一項目（各二頁）を毎日三回～四回、声に出して拝読することにしました。自分の声を、自分の耳を通して聞くのです。日を重ねていくと心が安まる思いになりました。もちろん、回数そのものの多・少が阿弥陀如来の救いの条件には全く関係のないことは言うまでもありません。

三番目の「読」は「身読」です。親鸞聖人は、お経や七高僧※などの著書を読む時は、目や口や耳を通して読み聞くだけでなく、身体全体で読み込まれたお方であります。親鸞聖人のこのような姿勢に学びながら「拝読」させていただくことが何よりも大切なことです。

いま遇うことができました

いまから二千五百年ほど前、北インドで釈尊（紀元前四六三～紀元前三八三　異説あり）によって説かれた仏教（仏さまの教え。仏さまに成《な》る教え）

は、その後、タイ、ミャンマー、スリランカなどに伝わった南伝仏教と、中央アジアのシルクロードを経由して、中国、朝鮮半島、そして日本に伝わった北伝仏教に大きく分けることができます。

また日本の仏教は古来、十三の宗《しゅう》、五十六の派《は》があると言われてきました。その五十六の派の中に親鸞聖人を宗祖とする真宗の十派があります。その中の一つの派が、わたくしたちの「浄土真宗本願寺派」です。

こう考えてみますと、読者の皆さんは長大な時間と、膨大な仏縁が調《ととの》って、いま、この本を手にされていることに気づかれたことでしょう。阿弥陀如来に出遇《あ》うことができたのです。

阿弥陀如来は、わたくしが「たすけてください」とお願いする前に、わたくし一人ではなく、あらゆるいのちを救わずにはおかないという大きな願い

（本願）を誓われた如来さまなのです。そのお慈悲の心がわたくしに至り届いていることがわかるように、「南無阿弥陀仏」と、ことばの仏さまとなっていま現在、活動されているのです。

この事実に感動された親鸞聖人は「ああ、この大いなる本願は、いくたび生を重ねてもあえるものではなく、まことの信心《しんじん》はどれだけ時を経ても得ることはできない。思いがけずこの真実の行《ぎょう》と真実の信《しん》を得たなら、遠く過去からの因縁《いんねん》をよろこべ（中略）如来《にょらい》の本願《ほんがん》の何《なん》とまことであることか。摂《おさ》め取《と》ってお捨《す》てにならないという真実《しんじつ》の仰《おお》せである。世《よ》に超《こ》えてたぐいまれな正《ただ》しい法《ほう》である。この本願《ほんがん》のいわれを聞《き》いて、疑《うたが》いためらってはならない」（『教行信証（現代語版）』五頁）と記されています。

このお慈悲の心がいただけたなら、阿弥陀如来に対してお礼を申さずにはおれません。それが「南無阿弥陀仏」のお念仏です。お念仏を申す人は、人との出あいを大切にし、人生に対しても精いっぱい取り組み、感謝と反省の充実したよろこびの生活を送る元気が出てきます。さらにこのよろこびを自分一人のものだけにするのではなく、家族、地域、職場、そして縁ある人びとに一人でも多くお伝えしていきたいものです。

※親鸞聖人が真宗の祖師と定め尊崇した七人の高僧。
インドの龍樹《りゅうじゅ》菩薩（一五〇～二五〇頃）・天親《てんじん》菩薩（四〇〇～四八〇頃）・中国の曇鸞《どんらん》大師（四七六～五四二）・道綽《どうしゃく》禅師（五六二～六四五）・善導《ぜんどう》大師（六一三～六八一）・日本の源信《げんしん》和尚《かしょう》（九四二～一〇一七）・源空《げんくう》聖人（一一三三～一二一二）

親鸞聖人のことば

人生《じんせい》そのものの問《と》い

日々《ひび》の暮《く》らしのなかで、人間関係《にんげんかんけい》に疲《つか》れた時《とき》、自分《じぶん》や家族《かぞく》が大《おお》きな病気《びょうき》になった時《とき》、身近《みぢか》な方《かた》が亡《な》くなった時《とき》、「人生《じんせい》そのものの問《と》い」が起《お》こる。「いったい何《なん》のために生《い》きているのか」「死《し》んだらどうなるのか」。

この問《と》いには、人間《にんげん》の知識《ちしき》は答《こた》えを示《しめ》せず、積《つ》み上《あ》げてきた経験《けいけん》も役《やく》には立《た》たない。

目《め》の前《まえ》に人生《じんせい》の深《ふか》い闇《やみ》が口《くち》を開《あ》け、不安《ふあん》のなかでたじろぐ時《とき》、阿弥陀如来《あみだにょらい》の願《ねが》いが聞《き》こえてくる。

親鸞聖人《しんらんしょうにん》は仰《おお》せになる。

弥陀《みだ》の誓願《せいがん》は無明《むみょう》 長夜《じょうや》のおほ(お)きなるともしびなり

「必《かなら》ずあなたを救《すく》いとる」という如来《にょらい》の本願《ほんがん》は、煩悩《ぼんのう》の闇《やみ》に惑《まど》う人生《じんせい》の大《おお》いなる灯火《ともしび》となる。この灯火《ともしび》をたよりとする時《とき》、「何《なん》のために生《い》きているのか」「死《し》んだらどうなるのか」、この問《と》いに確《たし》かな答《こた》えが与《あた》えられる。

(『拝読 浄土真宗のみ教え』六〜七頁)

この世は四苦八苦です

仏教では、この人間世界をインドの古い言葉で「sahā」《サハー》といい、「娑婆」《しゃば》と音訳《おんやく》します。日本語では「堪忍土」《かんにんど》といいます。少し言葉を加えますと「堪《た》え忍《しの》ばなければ一日として生きていけない世界」という意味です。若くて健康、仕事は順調、家庭内も円満の日々を過ごしている時は、何も問題はありません。しかし、人生はこのように平穏でしょうか。

皆さんはこれまでに「四苦八苦」という言葉を耳にしたり、口にしたことはありませんか？

生れ出づることの苦しみ（生苦《しょうく》……思い通りにならない人生の始まり）。

いつまでも若くありたいですが、老いは避けられません（老苦）。

健康を願いながら、医師や薬などにお世話になります（病苦）。

一日でも長く生きたいですが、どんな人でも死を逃れることはできません（死苦）。

愛し合い慈しみ合っている者同士が、この世では別れねばなりません（愛《あい》別離苦《べつりく》）。

顔を合わせたくない人とも言葉を交わし、仕事を一緒にしなければならない時があります（怨憎会苦《おんぞうえく》）。

物質的、精神的なものを求めても思うように手にすることができません（求不得苦《ぐふとくく》）。

これらの七つの苦が重なり合って生み出す心身の苦しみ（五蘊盛苦《ごうんじょうく》）の八苦です。

わたくしたちは常に楽を願い、苦を厭《いと》いますが、思うようにならないのがこの世です。親鸞聖人は「生死《しょうじ》の苦海《くかい》」「生死大海《しょうじだいかい》」「難度海《なんどかい》」などと示されています。普段の生活の歯車が正常に回らなくなると、どうして？　という思いにとらわれます。どうしてわが身に、わが家庭に、わが職場に、などと悩みを抱え込んでしまいます。その正しい原因と対応策が明らかな時には、冷静に判断し、行動をすることができます。しかし、現代の最新の医学をもってしても病気の原因が解明できないことがあります。原因が明らかになっても処方箋がまだ確立されていないこともあります。

また家族のため、会社のためと思い仕事に全力で取り組んでも、思うように業績が上がるとは限りません。職場が存亡の危機に陥ることもあります。苦悩の真っただ中にあり、悲しみのドン底で喘《あえ》ぐ時、何かにすがりたい、ワラにもすがりたいと思う人間の弱い心を否定できません。自分の進むべき正しい道、行動すべき方向がわからなくなります。

真っ暗闇の長いトンネルの中で右往左往している者にとっては、何よりも求められるのは灯火《ともしび》です。灯火は長時間の暗闇であっても一瞬にして破り、自分の居場所を明らかにしてくれます。この暗闇こそ、人間の煩悩《ぼんのう》から生まれ出た迷いの世界です。そしてこの灯火こそ、阿弥陀如来の智慧《ちえ》のはたらきです。

ひかりに導かれて

タレントの永六輔《えいろくすけ》さんは、その著『親と子』（岩波新書）の中で、宗教ということばについて「宗」は「ウカンムリ」の中で「示す」文字だから「家の中で示す教え」であると、わかり易く説明されています。そしてその宗教が家の中にあるかどうかを指摘されています。

電化され、機械化され、便利な生活を送っている家の中で、何を家族の共通の依りどころとしているのでしょうか？　海図のない、羅針盤のない、灯台の灯もない航海ほど不安で危険なことはありません。阿弥陀如来は迷いの中にいながら、迷いに気づかずにいる者を心配して、憐《あわ》れみ、見捨てず、灯火をかかげてくださっています。

「われにまかせよ、必ず救う」というよび声（お念仏）のはたらきが、わたくしのいのちを正しい方向に導いてくれるのです。親鸞聖人は苦悩の多いご生涯を、阿弥陀如来の本願（誓願）を依りどころとして生き抜かれました。迷いの大海を、大きな船に乗せて間違いなく安心して真実の世界に渡してくれるのです。

浄土真宗には妙好人《みょうこうにん》といわれる信者像があります。社会的な地位がある人ではありません。世間的な知識が豊富な人でもありません。しかし、阿弥陀如来の仰《おお》せには一点の疑う心も持たず、お念仏を称えつつ、よろこばれて人生を送られた人たちです。

その中の一人に因幡《いなば》の国（現在の鳥取県）に源左《げんざ》さん（一八四二～一九三〇）という妙好人がおられます。この源左さんに「困ったことがあれば親さんに相談しなさい。いつ相談しても親さんは間違いがないからなあ」ということばが伝えられています。親さんとは無明《むみょう》の闇を破り、わたくしを護《まも》りぬいてくださる阿弥陀如来のことなのです。

凡《ぼん》 夫《ぶ》

親鸞聖人《しんらんしょうにん》は仰《おお》せになる。

凡夫《ぼんぶ》といふ(う)は 無明煩悩《むみょうぼんのう》われらが身《み》にみちみちて 欲《よく》もおほ(お)く いかり はらだち そねみ ねたむこころおほ(お)くひまなくして 臨終《りんじゅう》の一念《いちねん》にいたるまで とどまらず きえず たえず

凡夫《ぼんぶ》は、命終《いのちお》わるその瞬間《しゅんかん》まで、煩悩《ぼんのう》から離《はな》れられないものを言《い》う。すべてのことを私中心《わたくしちゅうしん》にみて争《あらそ》いをおこし、欲望《よくぼう》・怒《いか》り・

妬《ねた》みに、心《こころ》と身体《からだ》を悩《なや》ませ苦《くる》しみ続《つづ》ける。仏法《ぶっぽう》に出《で》あうとき、煩悩《ぼんのう》に満《み》ちみちている凡夫《ぼんぶ》は、他《ほか》の誰《だれ》のことでもなく、この私《わたくし》のことと気《き》づかされる。念仏申《ねんぶつもう》すひぐらしの中《なか》に、ありのままの私《わたくし》の姿《すがた》を見《み》せていただく。

（『拝読　浄土真宗のみ教え』八〜九頁）

凡夫とは

最近の世相は仏教で説く〝末法の世〟ということをつくづく感じさせます。親子、夫婦、兄弟、師弟など一番身近な人間関係の間で、マユをひそめたくなるような凶悪な事件の続発です。そして関係のない自分は、ついつい善人と思い込みがちです。

ある仏教婦人会の研修会のことです。「私の夫は凡夫《ぼんぶ》です。朝、私の作った弁当を持って出勤し、定時に帰宅します。職場では特に目立った存在ではありません。しかし怠けることもしない平々凡々な夫です」と発言されました。本音ではないかもしれませんが、会場が少し沸いたことを思い出します。「凡夫」という語を『広辞苑』で引くと、「①煩悩に束縛されて迷っている人。②普通の人。凡人」とあります。通常はこの女性の発言のような②の意味に理解をされているようです。古代ギリシャの哲学者ソクラテス（紀元前四六九〜三九九）は「汝自身《なんじ》を知れ」という格言を残しています。また、仏教では聖道門《しょうどうもん》の曹洞宗《そうとうしゅう》の開祖・道元禅師《どうげんぜんじ》（一二〇〇〜一二五三）は「仏道をならうというは自己をならうなり」といわれています。古今東西を問わず人生を真剣に生きようとすれば〝自己〟が問題となります。ジャーナリストの池上彰《いけがみあきら》氏はその著『仏教って何ですか？』（飛鳥新社）の中で「仏教を知ることは己を知ること」と記されています。

親鸞聖人は青年時代からご自身を厳しく問われました。そして、阿弥陀如来の光に照らし出された自己を、「凡夫」であると自覚する立場をとられました。

わが身は無明《むみょう》（迷い）、煩悩（欲）が「みちみち」て成り立っており、怒り、腹立ち、嫉《そね》み、妬《ねた》みなどのこころが生涯終わるまで離れられない存在と認識されました。「みちみち」は漢字では「満ち満ち」です。「満」の熟語を見ますと、満月、満開、満堂、満点、満杯などたくさんあります。それは一〇〇パーセントを意味して、一パーセントも欠けたところのない溢れんばかりの状態のことです。

凡夫はわたくし

「隣り蔵建ちゃ、ワシャ腹が立つ」ということばがあります。隣りの家がわが家より素晴らしい家を建てると、心から素直に喜べない自分がいます。これは蔵（家）だけではありません。わが子と隣りの子が同じ学校（会社でも構いません）を受験し、わが子がダメだった時、自分の心の中はとてもお祝いを言う気持ちにはなれません。それどころか思ってはならないこと、口に出せないことがたくさんあります。また、職場をはじめ、ギクシャクする複雑な人間関係を通して、「もしあの人さえいなかったなら」と思った時、それは一人のいのちの全存在を否定する恐ろしいこころです。しかも言葉や態度に表わさなかったなら、自分の本性は他人にはわかりません。その他、名誉、お金、肩書、愛情……どれ一つとっても自分が執《とら》われのないものは一つもありません。実に厄介な存在が凡夫です。

ところが世間には時々、「自分のことは自分が一番よく知っている」と豪語する人がいます。しかし「知っている」ことと「知っているツモリ」とは大きな隔たりがあります。「ツモリ」とは「不実」の意味で、本当のことではありません。自分が一番身近な存在だけによく見えないものが自分なのです。

本願寺第八代宗主蓮如上人（一四一五～一四九九）は、「他人《たにん》の悪《わる》いところはよく目《め》につくが、自分《じぶん》の悪《わる》いところは気《き》づかないものである。もし自分《じぶん》で悪《わる》いと気《き》づくようであれば、それはよほど悪《わる》いからこそ自分《じぶん》でも気《き》がついたのだと思《おも》って、心《こころ》をあらためなければならない。人《ひと》が注意《ちゅうい》をしてくれることに耳《みみ》を傾《かたむ》け、素直《すなお》に受《う》け入《い》れなければならない。自分自身《じぶんじしん》の悪《わる》いところはなかなかわからないものである」（『蓮如上人御一代記聞書（現代語版）』一二五頁）と戒《いまし》められています。この言葉を頭の中ではナルホドと理解はできても、日常生活ではなかなか実践できません。他人のことになると、どんな小さなことでも見逃さないのが自分です。夫婦げんかや嫁・姑のホットな軋轢《あつれき》などを折々に目にし耳にします。「鉄砲は他人を撃ち、仏法は己を撃つ」

ものであると、いわれています。

阿弥陀如来のお目当て

このように、わが身には仏になる要因は何一つ持ち合わせていない、どうにもこうにもならないものを「凡夫」というのです。『正信偈』には「凡夫」または「凡」のことばが四カ所に記されていますが、この後には必ず阿弥陀如来のお救いの言葉が添えられています。凡夫だから見捨てられるのではなく、見捨てることのできないのが阿弥陀如来の大きなお慈悲の心なのです。親鸞聖人は『歎異抄』で「それほどの業《ごう》をもちける身《み》にてありけるを、たすけんとおぼしめしたちける本願《ほんがん》のかたじけなさよ」（『註釈版聖典』八五三頁）と、しみじみよろこばれています。

真実《しんじつ》の教《おし》え

あらゆる者《もの》を救《すく》いとる教《おし》えこそ真実《しんじつ》の教《おし》え、究極《きゅうきょく》の教《おし》えである。

親鸞聖人《しんらんしょうにん》は仰《おお》せになる。

それ真実《しんじつ》の教《きょう》を顕《あらわ》さば

すなはち（わ）『大無量寿経《だいむりょうじゅきょう》』これなり

『大無量寿経《だいむりょうじゅきょう》』には、あらゆる人《ひと》を念仏《ねんぶつ》一《ひと》つで救《すく》おうと誓《ちか》われた、阿弥陀如来《あみだにょらい》の本願《ほんがん》が説《と》かれている。

釈尊《しゃくそん》はその生涯《しょうがい》をとおしてさまざまな教《おし》えを説《と》き広《ひろ》められた。

この経《きょう》が説《と》かれるとき、釈尊《しゃくそん》のお顔《かお》は、いまだかってないほどに悦《よろこ》びにあふれ、気高《けだか》く光《ひか》り輝《かがや》いておられた。

あらゆるものを救《すく》いとる阿弥陀如来《あみだにょらい》の本願《ほんがん》を説《と》くことこそ、釈《しゃく》尊《そん》がこの世《よ》に出《で》られた目的《もくてき》だったからである。


（『拝読　浄土真宗のみ教え』一〇〜一一頁）

わたくしの仏教

「宗論《しゅうろん》はどちらが負けても釈迦の恥《はじ》」という言葉があります。釈迦如来がさとりを開かれた三十五歳から八十歳のご入滅までの四十五年間、各地で多くの人々に教えを説かれました。後年お弟子たちによってその教えが編集されたものが、今日の経典《きょうてん》です。その膨大な数のお経を「一切経《いっさいきょう》」とか「大《だい》蔵経《ぞうきょう》」「八万四千《はちまんしせん》の法門《ほうもん》」などと総称しています。釈迦如来の説法の仕方は「応病与薬《おうびょうよやく》」とか「対機説法《たいきせっぽう》」「随機開導《ずいきかいどう》」（機《き》とは教えを受ける人のことです）といわれています。例えば、腹痛の人には内科で、骨折の人には外科の病院で治療を施《ほどこ》したり、薬を与えるような方法で教えを説かれたのです。逆に腹痛の人にどんなに立派なギブスでも無用ですし、骨折の人には、どんな高価な下痢止めの薬も全く役に立ちません。

釈迦如来は、人生のさまざまな苦しみや悩みなどを抱えている人に対して、その内容に応じてわかりやすく比喩《ひゆ》などを駆使して教えを説かれました。その結果、多くの人々の間に教えが受け入れられていきました。ところが時代が下ると、「わたくしの聞いた教えが一番優《すぐ》れている」「あの人たちの主張する教えは劣《おと》っている」と相手を非難するような現象が現れてきました。しかし、釈迦如来の説かれた教えですから優劣があるはずがありません。すべてがすばらしい教えです。ここで大事なことは〝わたくしにとって〟ということです。この一点が欠けていたら、どれほど経典に尋ねても、学問や知識の領域に止《とど》まってしまいます。

「わけ登る麓《ふもと》の道は多けれど同じ高嶺《たかね》の月を眺《なが》める」という言葉がありま

す。山を登る道は何本あろうとも、頂上に登って眺める月は同じである、という意味でしょう。評論家の立場なら、これで何も問題はありません。しかし、ちょっと考えてみてください。「わけ登る麓の道」はどれほどたくさんあろうとも、わたくしが登る時の道は一本でしかありません。二つ三つ登山道があっても、同時に登ることはできません。さらにその道は、本当にわたくしが登ることができる道かどうかも見極めなければ、歩を進めることはできません。ここに〝わたくしにとって〟という主体的な世界が問題になるのです。

真実のみ教えこそ『大無量寿経』

研修会などで「なぜ浄土真宗は『般若心経《はんにゃしんぎょう》』を読まないのですか?」と

いう質問が出ます。『般若心経』は短い経典です。その教えは、一言《ひとこと》でいえば「般若」（インドの古い時代の梵語《ぼんご》のプラジュニヤの音訳で「智慧」と意訳します）を身につけて、さとりを開く（仏になる）という教えです。煩悩を断《た》って、智慧を身につけなければならないという自力の教えが説かれています。親鸞聖人は比叡山における青年時代、まさにこの苦闘の道を歩まれました。

どれほど素晴らしい高等な教えであっても、自分にとって実践不可能な内容の道であれば不要なものになります。前項でご紹介しましたように、親鸞聖人は、ご自身のことを〝凡夫〟と認識され、この自力の道を棄《す》てられました。そして「親鸞《しんらん》におきては、ただ念仏《ねんぶつ》して、弥陀《みだ》にたすけられまゐらすべしと、よきひと（法然）の仰《おお》せをかぶりて、信《しん》ずるほかに別《べつ》の子細《しさい》なきなり」

(『歎異抄』『註釈版聖典』八三二頁)という道を歩まれました。

親鸞聖人は「一切経」の中で『大無量寿経《だいむりょうじゅきょう》』を「真実の教え」といただかれました。そして他の教えは「総《そう》じて八万四千《はちまんしせん》といわれる釈尊《しゃくそん》の教《おし》えは、みな浄土《じょうど》の教《おし》えに導《みちび》く方便《ほうべん》としての善《ぜん》なのである」(『一念多念文意(現代語版)』三〇頁)と述べられています。

『大無量寿経』には、阿弥陀如来の四十八の願いが誓われてあります。そして第十八番目の願いを、願いの中の願いであるとして王《おう》本願といいます。その願いは「わたしが仏《ほとけ》になるとき、すべての人々《ひとびと》が心《こころ》から信《しん》じて、わたしの国《くに》に生《う》まれたいと願《ねが》い、わずか十回《じっかい》でも念仏《ねんぶつ》して、もし生《う》まれることができないようなら、わたしは決《けっ》してさとりを開《ひら》きません」(『浄土三部経(現代語版)』二九頁)と誓われています。「すべての人々」とは、いつでも(過去・現在・

未来）、どこでも（世界中どこでも）、誰でも（老・若・男・女、貧・富、賢・愚、善人・悪人など）わけへだてなく一人も漏らすことなくお浄土に往生することがなかったなら、決してさとりを開かないという強い思いの願いなのです。

この真実のみ教えである『大無量寿経』を説かれる時の釈迦如来のお顔は、いつもと違って気高く輝いておられました。そして親鸞聖人もこの真実のみ教えに出遇《あ》われた時、同じくよろこびでお顔が輝き、阿弥陀如来のお徳をほめたたえずにはおれなかったのです。そして、わたくしたちもこの真実のみ教えに出遇《あ》って、輝く人生を歩みたいものです。

限《かぎ》りなき光《ひかり》と寿《いのち》の仏《ほとけ》

阿弥陀如来《あみだにょらい》がさとりを開《ひら》く前《まえ》、法蔵菩薩《ほうぞうぼさつ》であったとき、すべてのものを救《すく》うため、限《かぎ》りない光《ひかり》と寿《いのち》をそなえた仏《ほとけ》になろうと誓《ちか》われた。そして果《は》てしない修行《しゅぎょう》の末《すえ》に、その願《ねが》いを成就《じょうじゅ》して、如《にょ》来《らい》となられた。

阿弥陀《あみだ》とは無量《むりょう》をあらわす。阿弥陀如来《あみだにょらい》は、その限《かぎ》りない光《ひかり》をもって、あらゆる世界《せかい》を照《て》らし、私《わたくし》たちを摂《おさ》め取《と》ってくださる。その限《かぎ》りない寿《いのち》をもって、あらゆる時代《じだい》を貫《つらぬ》き、私《わたくし》たちを救《すく》いとってくださる。

親鸞聖人《しんらんしょうにん》は仰《おお》せになる。

十方微塵世界《じっぽうみじんせかい》の
念仏《ねんぶつ》の衆生《しゅじょう》をみそなはし(わ)
摂取《せっしゅ》してすてざれば
阿弥陀《あみだ》となづけたてまつる

たとえ私《わたくし》たちがその救《すく》いに背《せ》を向《む》けようとも、摂《おさ》め取《と》って捨《す》てないと、どこまでもはたらき続《つづ》ける仏《ほとけ》がおられる。その仏《ほとけ》を、阿《あ》弥陀如来《みだにょらい》と申《もう》し上《あ》げるのである。

(『拝読 浄土真宗のみ教え』一二～一三頁)

限りある人間の〝摂取〟

健康ブームの昨今、新聞やテレビでも健康に関する話題が盛んに報道されています。健康を願わない人は誰一人いません。時には「健康のためなら死んでもいい！」と意味不明なことばを口にする人もいるほどです。特に働き盛りの壮年世代は、不規則な食生活になりがちです。栄養のバランスを考えて、カロリー計算をして摂取《せっしゅ》することが大切です。そして健康に役立つものを食べる（摂取する）のですが、その摂取したすべてのものが体内に蓄積されて、エネルギーや栄養になるわけではありません。不必要なものは体外に排泄されます。また、そうでなければ人間の生存が危うくなります。

それは日常の人間関係でも同様です。自分にとってプラスになり、都合のいい人は迎え入れ、いやな人は排除していきます。どれほどキレイごとをいっても、カッコウをつけても、人間は「摂《おさ》め取る」という一面だけではありません。どこまでいっても「捨て去る」という一面を離れることができない悲しい存在が凡夫というわたくしなのです。

浄土真宗のご本尊は「阿弥陀如来」です。また「阿弥陀仏」「アミダさん」とも申します。ともに共通するのは「阿弥陀」の語です。これはインドの古い言語（梵語）の「アミターバ」「アミターユス」を音訳したものです。「アミターバ」は「無量光」（限りのない光）の意味で「智慧」を表しています。次に「アミターユス」は「無量寿」（限りのないいのち）の意味で「慈悲」を意味します。つまり「阿弥陀如来」とは限りのない「智慧」と「慈悲」を兼ね備えられた如来（仏）さまなのです。

話は変わりますが、「ミジン切り」とか「木っ端ミジン」という言葉をご存知だと思います。一つの形をした物体が、数えきれないほどの小さな粒となることです。「微塵《みじん》」とは「とても細かいもの」とか「数限りなくたくさんあること」という意味があります。ここでは後者の意味になります。阿弥陀如来は十方《じっぽう》（東、西、南、北の四方と東南、東北などの四方を加えて八方。そして下方《げほう》、上方《じょうほう》で十方）、つまりすべての世界の数えきれないほどの多くの念仏者を、限りのない光の中にひとたび摂め取ったなら、どんなことがあっても決して見捨てることなく救ってくださる如来（仏）さまなのです。

みんなちがって、みんないい

親鸞聖人は「総《そう》じて、善《よ》い人《ひと》も、悪《わる》い人《ひと》も、身分《みぶん》の高《たか》い人《ひと》も、低《ひく》い人《ひと》も、無碍光仏《むげこうぶつ》（阿弥陀如来の別名　※筆者註）の誓願《せいがん》においては、嫌《きら》うことなく選《えら》び捨《す》てることなく、これらの人々《ひとびと》をみなお導《みちび》きになることを第一《だいいち》とし、根本《こんぽん》とするのである」（『唯信鈔文意（現代語版）』一七頁）とおよろこびになられました。

しかし、このような論理は一般社会ではとても成り立ちません。職場、地域、サークル、その他、人間関係の場では好き・嫌い、損・得、地位の高低、学力、財産の有無などで、区別されたり差別されたり無視されることが多くあります。その結果、争いがおこったり、悲しくてつらい日を送る人がいます。しかし阿弥陀如来はどんな違いをも認めて、平等のお慈悲の眼差しを注いでくださっているのです。

金子みすゞさん（一九〇三〜一九三〇）に「私と小鳥と鈴と」という作品

があります。

私が両手をひろげても、
お空はちっとも飛べないが、
飛べる小鳥は私のやうに、
地面《ぢべた》を速くは走れない。

私がからだをゆすっても、
きれいな音は出ないけど、
あの鳴る鈴は私のやうに
たくさんな唄《うた》は知らないよ。

鈴と、小鳥と、それから私、
みんなちがって、みんないい。

（『新装版 金子みすゞ全集』ＪＵＬＡ出版局）

この詩には、それぞれの違いを認め、差別を離れた絶対平等の阿弥陀如来のお慈悲の世界が感じられます。

浄土真宗はわたくしの思いに先立って、阿弥陀如来が必ず救うと願われているわたくしのいのちに目覚めることなのです。日頃は仕事に追われて、なかなか仏縁が結べない生活を送っている人。わたくしはまだ若いからと、理由をつけて阿弥陀如来に背を向けて日を重ねている人……。

しかし、どのような人であっても追いかけ、抱きしめ、摂め取ってくださるのが阿弥陀如来さまです。それは、子どものことを思うと心配でじっと座っておれない親のような存在ですので〝親さま〟とおよびすることがあります。

他力本願《たりきほんがん》

親鸞聖人《しんらんしょうにん》は仰《おお》せになる。

他力《たりき》といふ《(う)》は如来《にょらい》の本願力《ほんがんりき》なり

他力《たりき》とは、阿弥陀如来《あみだにょらい》の本願《ほんがん》のはたらきであり、これを他力本《たりきほん》願《がん》という。他力本願《たりきほんがん》は、如来《にょらい》から私《わたくし》に向《む》けられたはたらきであって、自分《じぶん》の望《のぞ》みを他人《たにん》まかせにすることではない。

阿弥陀如来《あみだにょらい》は四十八《しじゅうはち》の願《ねが》いを発《おこ》して仏《ほとけ》となられた。その願《ねが》いの根本《こんぽん》である第十八《だいじゅうはち》の願《がん》は、「われにまかせよ、わが名《な》を称《とな》えよ、浄土《じょうど》に生《う》まれさせて仏《ほとけ》にならしめん」という願《ねが》いである。如来《にょらい》は、私《わたくし》たちを救《すく》わんとしてつねに寄《よ》り添《そ》い、南無阿弥陀仏《なもあみだぶつ》のよび声《ごえ》となって、われにまかせよとはたらき続《つづ》けておられる。このはたらきを他力《たりき》といい、本願力《ほんがんりき》というのである。

阿弥陀如来《あみだにょらい》の本願《ほんがん》のはたらきにおまかせして、念仏《ねんぶつ》を申《もう》しつつ、如来《にょらい》の慈悲《じひ》につつまれて、浄土《じょうど》への道《みち》を歩《あゆ》ませていただくのである。

（『拝読 浄土真宗のみ教え』一四～一五頁）

他力本願とは

無宗教主義者を標榜《ひょうぼう》する人が結構います。また「他力本願という甘い考えでこの厳しい時代を生きてはゆけない」などと考える人も、決して少なくはありません。しかし、健康そのものの人が急に大病になって、入院・手術をしなくてはならなくなった時、平静な心理状態にはなれません。日ごろの強気な元気は失せ、病気が治るのならどんな神や仏にでもとワラにもすがりたくなるのが人情です。

読者の中には、次のような事例を体験された方がおられませんか？　交通安全のお守りやお札《ふだ》。子や孫の入学試験に備えての合格祈願。家を新築する際の地鎮祭。商売繁盛、家内安全、息災延命などの祈願やお札。科学技術や知識の最先端の場の一つである病院でも、四階や九号室がないこともあります。またスポーツでも試合前に寺社に参拝をして、勝利を祈願します。神さまも仏さまも、大変困られると思いますが……。人間は自分の思いや目標を遂げるためには、仏教の根本思想である縁起の教えを逸脱しても、少々のことは目をツブッて行動します。私は無宗教といいながら、自分の都合で神さまや仏さまに依存し振り回されて自己を見失っているのです。

浄土真宗の教えが誤解される内容の一つが「他力本願」の教えです。〝棚からボタ餅〟〝努力を否定する〟〝他人のフンドシで相撲をとる〟等々です。表現はいろいろありますが、残念なことです。

大谷光真前ご門主は著書の『願いの力』（本願寺出版社）の中で、他力本願について次のように記されています。

『浄土真宗で使われ始めた時は、「他力」と「本願」は同じことであって、私の願いではなくて、阿弥陀さまの願い、迷っている人を助けたいという願いが、阿弥陀さまのはたらきとなって私のところにきているという意味でした。「他力」は「願いの力」で、実はこういう阿弥陀さまによる救いに遇うということは、それだけ私が深刻ないのちの課題を抱えているからだと考えたわけです』

親鸞聖人は、一度限りの人生を真実に生きたいと願われた方です。その真実の道を歩もうとすればするほど、厳しく自己を問うことになります。自分が自分を正しく見つめることは難しく、つい甘く見てしまうことになります。そこで親鸞聖人は、阿弥陀如来の無量の光に照らし出された自己を見つめた時、とても自分の努力で救われる（仏になる）要素は絶無《ぜつむ》であることに気づかれました。死ぬまで煩悩（迷い）から離れられない自分に悲嘆をされたのです。しかし、このようなわたくしだからこそ見捨てることなく常に寄り添い、どんなことがあっても救い抜くという願いを持ち、はたらきかけている阿弥陀如来のお慈悲の心をいただかれたのです。

他力の念仏と信心

木村無相《きむらむそう》さん（一九〇四～一九八四）は二十歳の時、ある事を機に自己内面の醜《みにく》さに驚いて「この煩悩を断じてさとりを開きたい」と思い立ち「自分の助かる道は仏教の中にあるらしい」と見当をつけました。そして「即身《そくしん》成仏《じょうぶつ》」の教えの道を歩む僧侶となり、苦しい修行を重ねました。しかし、大きな壁に突き当たりついてゆけないと断念し、徳島・安楽寺の千葉隆範住職のもとをたずねました。以来、自力聖道門《じりきしょうどうもん》、他力浄土門《たりきじょうどもん》の道を行き来しながら、ついに「ただ念仏のみ」と阿弥陀如来の本願を聞くことを得ました。そしてそのよろこびを多くの詩に詠まれています。その中に「わかる」という詩があります。

念仏　念仏いうけれど
念仏してみりゃすぐわかる
念仏なかなかもうせぬと
信心　信心いうけれど
信心してみりゃよくわかる
凡夫の信心つづかぬと

行信《ぎょうしん》ともに落第と
しらしてもらえばようわかる
大悲の願心《がんしん》よりないと

常日頃言ってはならないことを口にし、心に思ってはならないことを思っているのが凡夫です。その凡夫が口にお念仏、心にご信心をいただくということは、とても自分の力では及ばないと聞き抜かれたのです。無相さんはお念仏「もうせぬ」、信心が「つづかぬ」身が、いま、お念仏を称え、ご信心が相続できるのは、わたくし自身の力ではなく一〇〇パーセント他力本願──「大悲の願心」──のおかげであるとよろこばれました。わたくしたちはこの「他力本願」のはたらきを受けて、前向きに生きてゆく力を賜《たまわ》るのです。

親鸞聖人は、

本願力《ほんがんりき》にあひぬれば
むなしくすぐるひとぞなき
功徳《くどく》の宝海《ほうかい》みちみちて
煩悩《ぼんのう》の濁水《じょくすい》へだてなし

（『高僧和讃』『註釈版聖典』五八〇頁）

と讃嘆《さんだん》されています。

如来《にょらい》のよび声《ごえ》

阿弥陀如来《あみだにょらい》は、すべての者《もの》を救《すく》いたいと願《ねが》われ、南無阿弥陀仏《なもあみだぶつ》の名号《みょうごう》を完成《かんせい》された。名号《みょうごう》は、如来《にょらい》の智慧《ちえ》と慈悲《じひ》を円《まど》かに具《そな》えた、救《すく》いのはたらきそのものである。

親鸞聖人《しんらんしょうにん》はこの如来《にょらい》の名号《みょうごう》を、

本願招喚《ほんがんしょうかん》の勅命《ちょくめい》なり

と仰《おお》せになる。

南無阿弥陀仏《なもあみだぶつ》は、「必《かなら》ず救《すく》う、われにまかせよ」との阿弥陀如《あみだにょ》来《らい》のよび声《ごえ》である。

如来《にょらい》は、偽《いつわ》りと真実《しんじつ》の見分《みわ》けもつかない凡夫《ぼんぶ》を哀《あわ》れみ、名号《みょうごう》による救《すく》いを選《えら》び取《と》られた。如来《にょらい》のみ名《な》は、遍《あまね》く世界《せかい》に響《ひび》きわたり、この真実《しんじつ》の救《すく》いにまかせよと、よび続《つづ》けておられる。

そのよび声《ごえ》は、私《わたくし》の称《とな》える南無阿弥陀仏《なもあみだぶつ》の念仏《ねんぶつ》となって、今《いま》ここに至《いた》りとどいている。念仏《ねんぶつ》の声《こえ》を通《とお》して、如来《にょらい》の大悲《だいひ》のよび声《ごえ》を聞《き》かせていただく。

(『拝読　浄土真宗のみ教え』一六～一七頁)

「勅命」について

「勅命《ちょくめい》」という言葉は、日ごろは目にすることが少ないと思います。これまでどのような時に出あったかといえば、学校の歴史の授業の時に学習された人が多いと思います。また、年配の人々にとっては、戦前・戦中の教育で身体にしみついている言葉かもしれません。

あらためて「勅」の字を辞書で調べますと、「天皇の命令やことば」とあり、「勅語」や「詔勅」という語句が出ています。

しかし、親鸞聖人は阿弥陀如来一仏《いちぶつ》を人生の依《よ》りどころとして生き抜かれた方ですので、この「勅命」は「天皇の命令」ではありません。ここでは「阿弥陀如来の仰せ」であると確認しておくことが大切です。

では「阿弥陀如来の仰せ」とはどのような内容なのでしょうか。それは十方衆生《じっぽうしゅじょう》、すなわち、すべての生きとし生ける者を救いたいと願われて、南無阿弥陀仏の名号を完成されたのです。そのこころは「必ず救う、わたしにまかせよ」のよび声となっていま現在、よびかけられているのです。

「必ず」について

人生それなりの年齢を重ねてきますと、卒業した学校の同窓会が、また職場を退職しますとOB会などが開催され、案内がまいります。青春時代を懐かしんだり、現役時代に苦楽を共にした仲間や先輩と久し振りに語り合う場です。そして次回も〝必ず〟出席しようとお互いに声をかけ合って別れます。

ところが、その時の出席者が次の機会に〝必ずしも〟全員揃うとは限りません。本人や家庭の事情、その他の理由などで欠席者があります。人間の〝必ず〟は不完全なものなのです。

それに対して、阿弥陀如来の〝必ず〟は、一パーセントの間違いもない〝必ず〟であるのです。そのことを親鸞聖人は「正信偈」において「必」の字を五回示されてありますが、そのうちどれ一つとして人間（凡夫）の側には用いられていません。五回とも阿弥陀如来の救いのはたらきのところに示されてあります。『註釈版聖典』では、二〇三、二〇五、二〇六、二〇七の各ページです。

また、蓮如上人は「十人《じゅうにん》もあれ百人《ひゃくにん》もあれ、みなことごとくもらさずたすけたまふべし」（『同』一一九五頁）とお示しになるなど、「御文章《ごぶんしょう》」にはくり返して「必ず」の心を記されています。

「親のよび声」

記憶力に自信のある読者でも、ご自身が自分の親を初めてよんだ時のことを覚えている人はおられないと思います。その時はもちろん「お父さん」、「お母さん」ではありませんね。「アーアー」とか「マーマー」であったかもしれません。

しかし、子どもが親をよぶ前から、親はわが子の名をどれほどよんだことでしょう。それはこの世に誕生してからではなく、まだ母親の胎内に小さないのちが宿った時からです。正式に命名はしていませんが、親はわが子に声をかけずにはおれないのです。とても数えきれる回数ではありません。

そして誕生後、母親に抱《いだ》かれてお乳を飲んでいる赤ちゃんは、このお乳の中に不純物が混じっているのではないかとか疑う心など全くありません。自分を取り落とすのではないかと、不安な気持ちになるわけでもありません。すべてを母親にゆだねて、安心しきっているのです。

特に母親は、わが子の名前をよびかけると同時に、自分が「お母ちゃんだよ」と名のってよびかけます。それは、どんなことがあってもわが子を見捨てず、しあわせにせずにはおかないという親心です。その親心が子どもに届いたならば、教えたわけではないのに、自然といつの間にやら子どもの口から親をよぶ声が出てくるのです。しかし、近年は親によるわが子への虐待が数多く報じられることには心が痛みます。

学僧・原口針水《はらぐちしんすい》師（一八〇八～一八九三）は「われ称えわれ聞くなれど南

無阿弥陀　つれてゆくぞの親のよび声」と詠まれています。必ずわが国（お浄土）へ生まれさせずにはおかないという、阿弥陀如来のご本願のお救いのはたらきの確かさであります。

わたくしが「南無阿弥陀仏」とお念仏を称え、その称えた自分の声を自分の耳で聞きます。そのことすべてが、実は阿弥陀如来のわたくしに対するはたらきかけであるとよろこばれておられるのです。

聞《き》くことは信心《しんじん》なり

母《はは》に抱《いだ》かれて笑《わら》う幼子《おさなご》は、母《はは》の慈《いつく》しみを信《しん》じて疑《うたが》うことがない。慈愛《じあい》に満《み》ちた声《こえ》を聞《き》き、ただその胸《むね》に身《み》をまかせ、大《おお》いなる安心《あんしん》のなかにある。

親鸞聖人《しんらんしょうにん》は仰《おお》せになる。

聞其名号《もんごみょうごう》といふ(う)は　本願《ほんがん》の名号《みょうごう》をきくとのたまへ(え)るなり　きくといふ(う)は　本願《ほんがん》をききて疑《うたが》ふ(う)こころなきを聞《もん》といふ(う)なり

またくといふ（う）は　信心《しんじん》をあらはす（わ）御《み》のりなり

南無阿弥陀仏《なもあみだぶつ》は、「必《かなら》ず救《すく》う、われにまかせよ」との慈愛《じあい》に満《み》ちた如来《にょらい》のよび声《ごえ》。このよび声《ごえ》をそのまま聞《き》いて疑《うたが》うことがない、それを信心《しんじん》という。

自分《じぶん》の見方《みかた》をより処《どころ》とし、自分勝手《じぶんかって》な思《おも》いで聞《き》くのであれば、如来《にょらい》の慈愛《じあい》のよび声《ごえ》をそのままに聞《き》くことにはならない。

母《はは》の慈愛《じあい》の思《おも》いが、幼子《おさなご》の安心《あんしん》となるように、如来《にょらい》のよび声《ごえ》が、そのまま私《わたくし》たちの信心《しんじん》となる。

（『拝読　浄土真宗のみ教え』一八～一九頁）

「聞く」こと

阿川佐和子《あがわさわこ》さんのベストセラー『聞く力』（文春新書）の中に、聞くという作業は「誰もが一日に何度となく呼吸をするごとく自然に行っていることだと思います。道を聞く。値段を聞く。講義を聴く。お喋りを聴く。愚痴を聞く。自慢話を聞く。いい加減に聞く。熱心に聞く。迷惑そうに聞く……」とあります。あと一つ「本願の名号を聞く」があったらと思うのは、わたくしの身勝手かもしれませんね。

余談ですが、先ほどの著書に、臨床心理学者の河合隼雄《かわいはやお》さんが、人の話を「聞く」ことの大切な点について、「僕はね、ただ相手の話を聞くだけ。聞いて、うんうん。そうか、つらかったねえ。そうかそうか。それで？　って相づちを打ったり、話を促《うなが》したりするだけ」と語っておられたことが紹介されていました。僧侶であるわたくしは、いろいろと考えさせられました。そして反省をさせられました。

「信じる」の反対語は？

「信じる」の反対語は何ですか？　と尋ねますと多くの場合、「信じない」という答えが返ってきます。間違いではありませんが、浄土真宗では「疑う」という言葉の方がふさわしいと思います。

残念なことに最近の世相は、素直に信じたばかりに大きな被害を受けてしまう時代となりました。その最たるものが「オレオレ詐欺」「振り込め詐欺」などといわれる犯罪です。子を思う親心を見透かして信じ込ませるのです。

〝まゆつばもの〟という言葉があります。このような時は慌《あわ》てずに、眉にツバをつけてはっきりと見定めたいものです。

ところが逆に阿弥陀如来の本願となりますと、科学的・実証的な思考にとらわれていると、信じることよりも疑うことが先になってしまいます。

仏教一般では、さとりを開く（仏に成る）には学問をし、厳しい修行を積んで欲を断っていく道を歩むのです。外面はもちろんですが、心の奥底に巣食っている執着《しゅうじゃく》（煩悩・迷い）を滅していく道でもあります。それは理論的にわかりやすくて素晴らしい道ですが、皆さんはこの道を歩きとおす自信がありますか？　わたくしを含めて大多数の人は、とても歩むことが難しい道と思いますが……。

若き日の親鸞聖人は、このことで悩まれたのです。実はこのような道を歩めない人間（凡夫）について心を痛め、哀れんで立ち上がっていただいたのが阿弥陀如来です。見捨てないどころか、何としてでも手を尽くして救わずにはおかないという大きな願い（本願）を誓われたのです。それは阿弥陀如来の方から「南無阿弥陀仏」の名号となって、わたくし（凡夫）に「聞いておくれ」「めざめておくれ」「私にまかせておくれ」とよびかけられていますす。この「南無阿弥陀仏」の六字の中に、わたくし（凡夫）が必ず救われるはたらきの功徳《くどく》がすべて具《そな》わっていることを疑わない心を「信心」といいます。

「聴聞」につきる

蓮如上人は「信心《しんじん》を得《え》ていないものであっても、真剣《しんけん》にみ教《おし》えを聴聞《ちょうもん》すれば、仏《ほとけ》のお慈悲《じひ》によって、信心《しんじん》を得《え》ることができるのである」（『蓮如上人御一代記聞書（現代語版）』二二四頁）と示されています。

ここで「聴」と「聞」はどちらとも「きく」と読みますが、意味に違いがあります。「聴」は「聴きに往《ゆ》く」ことであり、「聞」は「聞こえて来《き》た」ことです。

A子さんは三十代で夫が病気で亡くなりました。残された一男一女を育てるために、懸命に働きました。子育てが一段落した頃、ご住職から誘いがあってお寺参りが始まりました。しかし、それまで仏縁がなかったA子さんは、折々のご法座に参詣し、また研修会にも出席し、聴聞（聞法）をしても、お話の内容がほとんど理解できませんでした。

お寺参りを止めようとしましたが、ご住職が熱心に声かけをされたので、お聴聞を続けました。すると、あれほど難しかったご法話が、聴聞を重ねていくうちに少しずつ耳に入ってくるようになりました。そして、ご自身が気づく前から阿弥陀如来は、苦しみ悩んでいるわたくしのために、大きなお慈悲の心でもって聞いておくれ、目覚めておくれとはたらきづめであったと、素直にうなずくことができるようになったのです。

「いまでは嬉しくて、有り難くて、もったいない思いでお念仏を申す日暮らしです」と熱い思いで語っておられたお顔が忘れられません。

今《いま》ここでの救《すく》い

念仏《ねんぶつ》の教《おし》えにあうものは、いのちを終《お》えてはじめて救《すく》いにあずかるのではない。いま苦《くる》しんでいるこの私《わたくし》に、阿弥陀如来《あみだにょらい》の願《ねが》いは、はたらきかけられている。

親鸞聖人《しんらんしょうにん》は仰《おお》せになる。

信心《しんじん》の定《さだ》まるとき往生《おうじょう》また定《さだ》まるなり

信心《しんじん》いただくそのときに、たしかな救《すく》いにあずかる。如来《にょらい》は、悩《なや》み苦《くる》しんでいる私《わたくし》を、そのまま抱《だ》きとめて、決《けっ》して捨《す》てることがない。本願《ほんがん》のはたらきに出《で》あうそのときに、煩悩《ぼんのう》をかかえた私《わたくし》が、必《かなら》ず仏《ほとけ》になる身《み》に定《さだ》まる。

苦《くる》しみ悩《なや》む人生《じんせい》も、如来《にょらい》の慈悲《じひ》に出《で》あうとき、もはや苦悩《くのう》のままではない。阿弥陀如来《あみだにょらい》に抱《いだ》かれて人生《じんせい》を歩《あゆ》み、さとりの世界《せかい》に導《みちび》かれていくこととなる。

まさに今《いま》、ここに至《いた》りとどいている救《すく》い、これが浄土真宗《じょうどしんしゅう》の救《すく》いである。

（『拝読 浄土真宗のみ教え』二〇～二一頁）

「一寸先は闇」の人間界

昨今は、お寺に足を運んでくれる人が少なくなりました。特に青壮年層の世代は、仕事優先で多忙という事情があります。もう一つの大きな理由は、仏教は死後の教えであるという先入観や誤解があるようです。事実、お寺や仏教を取り巻く現状は、そのような要素が多いことは認めなければなりません。元気で健康な自分にとってはお寺（仏教）を否定はしないが、いまはまだ必要ではなく、ずーっと先の存在であるということでしょうか。しかし「死」はどんな人にとっても、人生の大きな課題であることには間違いありません。釈尊は三十五歳でさとりを開かれてから入滅される（お亡くなりになる）八十歳までの四十五年間、真実の法を説かれました。その対象者は亡くなった人ではなく、いま、現に社会生活を送りながら、苦しみや悩みを抱えている人たちでした。

かつて政界の実力者が「一寸先は闇である」と語ったことがあります。それは、人事や予算や政策が一夜にして反故《ほご》になることを表現したことと思われます。しかし、この言葉は政治の世界だけではなく、世間全般に通じるものです。営業活動で契約寸前までこぎつけながら、後発の競争相手に先を越されてしまうこともあります。また個人的にも、信頼していた人から約束を破棄されることもあります。まさに「一寸先は闇」です。だから不安です。落ち着きません。疑心暗鬼になってしまいます。

人間はどのような立場にあっても心の奥底では心身の安らぐ場、信頼のおけるものを求めたくなります。親鸞聖人の時代も例外ではありません。人がうらやむような権力や財力を手にした貴族も、自身の死に対しては大きな不安をいだいていました。そしていつ訪れるかわからない死を平穏に迎え、死後も素晴らしい仏の世界に生まれたいと願いました。そのため生前に財力を投じてお寺を造ったり、仏塔を建てたりして善根を積んだのです。そしてその功徳によって臨終の枕辺《まくらべ》に多くの仏・菩薩がお迎えにきて、手をとってお浄土につれていってくれることを願っていました。そのような光景を描いた絵画が残されています。

しかし、ここで問題が起こります。それは当時の大多数の人間は、地位も財力も知識も持ち合わせていません。仏さまはこのような人々を見放してしまうのでしょうか。ごく少数の選ばれた、限られた人間だけを救いの対象にされるのが仏さまなのでしょうか？　また、わたくしの周辺にお念仏のみ教えをよろこび、報恩の生活を送られ、病床で苦痛のうちに生涯を終えられた人がいます。反対に周囲の人から疎《うと》まれていた人が、何一つ苦しみもなく静かに息をひきとることもあります。さらに不慮の事故、自然災害などによって全く予期しなくて亡くなる方もあります。本願寺第三代宗主覚如上人（一二七〇～一三五一）は『口伝鈔《くでんしょう》』に「凡夫《ぼんぶ》に死《し》の縁《えん》まちまちなり」（『註釈版聖典』九一一頁）と記されています。

お慈悲の中で

親鸞聖人は「身を粉にし」「骨を砕きても」報じ謝すべき阿弥陀如来のご本願を、生涯かけて聞き抜かれました。そして死に際のありさまが問題になったり、死後の行き先が心配になっている当時の人々を、不安から解放されたのです。これまでの日本仏教の教えの体系を、百八十度転換されたのです。それは人間の側から仏さまに対してお祈りし、お願いして救いを求める前に、阿弥陀如来の側から先によびかけ、手を差しのべられているお慈悲（ご本願）を明らかにされました。そのお慈悲の心を疑うことなく素直に受け容《い》れたことが〝信心〟です。

この信心は自分の努力で掴《つか》んだものではありませんから、一〇〇パーセント阿弥陀如来からの賜りものです。変質したり無くなったりするものではありません。生涯煩悩を断つことのできない凡夫の身であっても、その信心を獲《え》ることによって〝正《まさ》しく仏になる身に定まった仲間〟にならせていただくのです。油断したからといって、もとの凡夫にもどることはありません。阿弥陀如来の智慧の光に照らし出されて明らかになった、罪悪深重《ざいあくじんじゅう》のわが身を慚愧《ざんぎ》しつつ、そのわたくしを決して見捨てないお慈悲を仰いでいく感謝の日暮らしです。いつ、どのような臨終を迎えても心配はなく、あわてる必要もありません。そして、この世でのいのちが尽きれば、直ちにお浄土に往生して阿弥陀如来と等しいさとりを開き、仏に成《な》らせていただくのです。〝一寸先は闇〟どころか、明るい未来への展望、そして確かな方向性が定まれば、安心したよろこびの人生が開けてきます。ただただ阿弥陀如来に報恩・感謝のお念仏を申すばかりです。

愚者《ぐしゃ》のよろこび

阿弥陀如来《あみだにょらい》は、「必《かなら》ず救《すく》う、われにまかせよ」とよびかけておられる。そのよび声《ごえ》を通《とお》して、確《たし》かな救《すく》いのなかにあることをよろこぶとともに、ありのままの私《わたくし》の姿《すがた》を知《し》らせていただく。如来《にょらい》の光《ひかり》に照《て》らされて見《み》えてきた私《わたくし》の姿《すがた》は、煩悩《ぼんのう》に満《み》ちみちた迷《まよ》いの凡夫《ぼんぶ》であった。確《たし》かなものなど何一《なにひと》つ持《も》ち得《え》ない愚《おろ》かな私《わたくし》であったと気《き》づかされる。

親鸞聖人《しんらんしょうにん》は、法然聖人《ほうねんしょうにん》より、

愚者《ぐしゃ》になりて往生《おうじょう》す

との言葉《ことば》をうけたまわり、感慨《かんがい》をもってお手紙《てがみ》の中《なか》に記《しる》された。このような私《わたくし》だからこそ、救《すく》わずにはおれないと、如来《にょらい》は限《かぎ》りない大悲《だいひ》を注《そそ》いでおられる。この深《ふか》き恵《めぐ》みをよろこばせていただくより他《ほか》はない。

（『拝読　浄土真宗のみ教え』二二一～二二三頁）

愚者とは誰のこと？

「お寺にお聴聞（聞法）に参りますと、悪人・凡夫などの言葉が頻繁に耳に入ってきます。少しは善人ですね、賢いですね、と言ってくれたら心も少し安らぐのですが……」と苦笑まじりに語られた人がいます。表現は少し違いますが、「あんた、アホやねェ」と言っても、関西では会話が弾むそうです。アホを演じて一時代を築いた名喜劇役者がいました。ところが関東では、この言葉は気まずい雰囲気を生むと聞いたことがあります。同じ言葉でも場所によって意味や受け止め方が違うようです。

「愚者」の言葉も同様です。お聴聞の時は、ナルホド自分は〝愚者だナー〟とその場では納得したような気持ちになります。しかし、自宅で夫婦間や自分と子ども夫婦との間などで、ちょっとした行き違いが原因で相手から〝愚《おろ》か者〟よばわりされたら、素直に「はい、わたくしは愚か者です」とはとても言えませんネ。それどころか、途端に瞋恚《しんに》（いかり・腹立ちの心）の炎が燃え上がり、夜は寝付くこともできなくなります。心が穏やかな時には仏さまのように思っている自分ですが、ちょっとしたことで何をしでかすか、どんな言葉が口から発せられるか、心の中では何を思うのかわからない危《あや》うい存在のわたくしです。その本性は自分自身ではわかりません。わかっているツモリになっているだけです。他人には知られたくない本当の自分自身は、阿弥陀如来の智慧の光に照らし出されてはじめて、何一つ否定できない恥ずかしい、恐ろしいわが身が明らかになります。

この厳しい事実を法然聖人（一一三三～一二一二）は「愚者」といただか

れました。また親鸞聖人も著作に何回も「凡愚《ぼんぐ》」と記され、越後へのご流罪《るざい》を契機として「愚禿《ぐとく》」とも名のられています。愚かであることと、愚かさに気づくことは大きな違いです。「愚者」の自覚は、間違いなくすでに阿弥陀如来に摂取されたよろこびなのです。

法話の席で時々、ウトウトと眠られる方がおられます。わたくしは少し声を大きくして「これまでお話をした内容をテストします。八十点以上の人は合格ですのでお帰りください。それ以下の人はさらに一時間お話をした後、再試験をします」と言いますと驚いて目をさまします。続いてわたくしは「実は浄土真宗は、点数によって合格、不合格と振り分けるようなことはしません。もしそうであれば、親鸞聖人のよろこばれた浄土真宗のみ教えではありません」と言いますと、皆さんはホッと安心されます。

「聞くときはまことの道と思えども門を出づれば早や忘れけり」という言葉があります。この忘れっぱなしの愚かなわたくしに、常に寄り添って忘れないお方が阿弥陀如来なのです。浄土真宗のみ教えは、覚えたから、理解したから、上手にできたからといって、阿弥陀如来のお眼鏡にかなってお救いいただくのではありません。ところが時々、お経を上手に読めたり、聖典の語句を暗記した人が他の人を見下したりすることがあります。このような考えを増上慢《ぞうじょうまん》といって、念仏者のとる態度ではありません。

愚者のわたくしこそ目当て

人生が順調な時は、知らず知らずのうちに、この生活環境は〝オレの才能〟〝オレの努力〟という「オレ我《が》」(自我)意識が頭を持ち上げてきます。

とても〝おかげさま〟という心が持てません。わたくしたちは日常生活で頭を下げることはあっても、頭が下がることは滅多にない頑固な存在です。「下がるほど人が見上げる藤の花」という句があります。藤の花が私心なく精いっぱい咲いている美しさに感動して、見上げずにはおれない気持ちを詠まれたのでしょう。

親鸞聖人は「賢者《けんじゃ》の信《しん》は、内《うち》は賢《けん》にして外《ほか》は愚《ぐ》なり。愚禿《ぐとく》が心《しん》は、内《うち》は愚《ぐ》にして外《ほか》は賢《けん》なり」（『註釈版聖典』五〇一頁）と記されています。恩師法然聖人をはじめとする七高僧方の賢者の信に対して、ご自身の愚者の心の内面を赤裸々に表明されています。わたくしは賢者ぶろうと表面を取り繕《つくろ》って振る舞い、とても愚者にはなれそうもありません。阿弥陀如来は賢者は傍《かたわ》らにおいてでも、無明《むみょう》の真っただ中にあり、煩悩に執われ苦悩を抱え込んで呻《しん》吟《ぎん》しているわたくしをこそ愚者として目覚めさせ、見捨ててはおけない仏さまです。何としても放ってはおけないと、やるせない心で抱きしめてくださる仏さまです。その大きなお慈悲の心がいただけたなら、頭を下げねばならないのではなく、下げずにはおれなくなります。

この身これ　たふとくあるか　否《いな》あらず
ぬかづくひとを　尊しと思ふ

（九條武子夫人）

阿弥陀如来のお慈悲の心を、お聞かせいただいたことを素直によろこび、そのお徳をお讃《たた》えしてお念仏を申すばかりです。

報恩《ほうおん》の念仏《ねんぶつ》

阿弥陀如来《あみだにょらい》は、迷《まよ》いのなかにある私《わたくし》たちを哀《あわ》れみ悲《かな》しまれ、そのままに救《すく》いとるとはたらかれている。浄土真宗《じょうどしんしゅう》の救《すく》いは、この如来《にょらい》のはたらきを信《しん》じる心一《こころひと》つで定《さだ》まり、念仏《ねんぶつ》は救《すく》われたよろこびが声《こえ》となってあらわれ出《で》たものである。

親鸞聖人《しんらんしょうにん》は仰《おお》せになる。

ただよくつねに如来《にょらい》の号《みな》を称《しょう》して

大《だい》悲《ひ》弘《ぐ》誓《ぜい》の恩《おん》を報《ほう》ずべしといへ《（え）》り

如来《にょらい》は私《わたくし》たちを救《すく》いとって見返《みかえ》りを求《もと》めることがない。はかりしれない如来《にょらい》のご恩《おん》は、決《けっ》して返《かえ》すことのできない大《おお》いなる恵《めぐ》みである。私《わたくし》たちは、ただそのご恩《おん》をよろこび、感謝《かんしゃ》の思《おも》いを念仏《ねんぶつ》の声《こえ》にあらわすばかりである。これを報恩《ほうおん》の念仏《ねんぶつ》という。救《すく》いのよろこびを恵《めぐ》まれた者《もの》は、報恩《ほうおん》の思《おも》いから、つねに南無《なも》阿弥陀仏《あみだぶつ》と念仏《ねんぶつ》申《もう》すべきである。

（『拝読 浄土真宗のみ教え』二四～二五頁）

お母さんが一番

親は子どもが家を出て行く時、姿が視界から見えなくなるまでずーっと見つめていてくれる存在であると聞いたことがあります。交通事故に遭わないように、イタズラをしないように、イジメられないように、といつも心は子どもの身に寄り添ってくれる存在です。ところが子どもはいつも親のことばかりを思ってはいません。遊ぶことなどに一生懸命です。個人的なことで恐縮ですが、いま、わが家には三歳になる孫と二人の七カ月になる孫（つまり双子です）がいます。特に七カ月になる二人の孫は母親が授乳をさせようとすると「お母チャン、消毒はしていますか？」というような不安な眼差しで見つめることはありません。「よい子になりますのでオッパイを飲ませてください」というような仕草もしません。「抱っこしている時は落とさないでネ」と心配もしていません。親に対して何一つ疑いの心を持たず、条件も付けず、無心に母乳を飲んで、わが身全体を母親にゆだねて、まかせきって安心しています。

わたくしたち夫婦も若い両親に負けじと、愛嬌《あいきょう》を振りまき、抱っこしてあやし、ミルクを飲ませます。しかし最近は、どうも両親への笑顔と我々夫婦に対する笑顔は、ホンの少しではあるが心なしか違うような気がします（これを僻《ひが》み心というのかも知れませんネ）。それは幼いながら〝親〟という存在のはたらきに目覚めつつあるということでしょうか。やがて言葉が出るようになると、素直に親の名をよぶようになることでしょう。とりわけ母親に対しては。サトウハチローさんの詩に『この世の中で一番』という作品があります。

この世の中で一番　美しい名前
それはおかあさん
この世の中で一番　やさしい心
それはおかあさん
おかあさん　おかあさん
悲しく愉《たの》しく　また悲しく
なんども　くりかえす
ああ　おかあさん

母親は胎内に小さないのちが宿ったその時からどんなことがあっても、このいのちを守り抜き、育てあげ、幸せにせずにはおかないという親心が生まれ出てきます。その母親の心が自然と子どもの心に届いておれば、理屈抜きに親の名をよばずにはおれません。そのよび声は間違いなく子どもの口から出ていますが、出《だ》さしめているのはわが子を思う母親のお慈悲の心のはたらきです。

　わが家では母親が折々に子どもを抱き上げて、自分の顔を子どものお尻に押し付けてクンクンと臭いを嗅いでいます。「あーウンチが出ている!」といっても嫌な顔一つせず笑顔でおむつを取り替えています。このような光景を目にするたび、親子の関係は権利と義務、ギブ&テイクというような大人の社会のような関係では全くないと感じます。見返りを一切求めない無条件のわが子に対する行為をせずにはおれない母親の心です。ところが最近は、事情が少し変わってきたような気がします。わが子への虐待や育児放棄などによって子どもの命が損なわれ、傷つけられる事件の頻発の報道に心が痛みます。

親さまへのお礼がお念仏

五月五日は「こどもの日」です。主人公は当然子どもです。また「誕生日」にしても、この世に生まれた日のお祝いを受ける子どもが中心の一日となります。しかし、よく考えてみますと、自分を生み出してくれて、苦労して育てていただき、いまここにあるいのちを親に対してお礼を申す日でもあります。国の祝日法、第二条によれば、「こどもの日」は「こどもの人格を重んじ、こどもの幸福をはかるとともに母に感謝する」と規定されています。

父と母の出あいによって新しいいのちが誕生します。同時に子どもの誕生日が親になる誕生日でもあります。仏教の基本的な縁起の教えから味わえば〝親・子〟は同時に誕生し、歳も同年齢となります。

浄土真宗は阿弥陀如来がご本尊です。わたくしたちは全幅《ぜんぷく》の信頼・信順を寄せている思いから親しみを込めて〝親さま〟とよんでいます。この〝親さま〟は人間の親とは違って、十人は十人ながら百人は百人ながら、一人ももらさず、平等に必ず救ってくださる〝親さま〟なのです。とりわけ苦しみ悩みを抱えて、どの方向に歩んでいくのかわからずに迷っているわたくしを見捨てることなく、智慧の灯《ともしび》を掲げて進むべき道を照らして示してくださるのが〝親さま〟です。この阿弥陀如来の大きなお慈悲の心に気づかされ、目ざめ、受け止めたお礼のご挨拶が、南無阿弥陀仏のお念仏です。

み仏を　よぶわが声は　み仏の
われをよびます　み声なりけり

（甲斐和里子《かいわりこ》）

浄土《じょうど》への人生《じんせい》

阿弥陀如来《あみだにょらい》は、煩悩《ぼんのう》によってさとりに至《いた》ることのできない凡夫《ぼんぶ》を哀《あわ》れみ、あらゆる功徳《くどく》を南無阿弥陀仏《なもあみだぶつ》に込《こ》めて私《わたくし》たちにふり向《む》けておられる。

親鸞聖人《しんらんしょうにん》は仰《おお》せになる。

臨終一念《りんじゅういちねん》の夕《ゆうべ》　大般涅槃《だいはつねはん》を超証《ちょうしょう》す

いのち終《お》えるとき、すみやかに浄土《じょうど》に生《う》まれ、この上《うえ》ないさとりを開《ひら》かせていただく。南無阿弥陀仏《なもあみだぶつ》のはたらきに出《で》あうものは、むなしい迷《まよ》いの生《せい》を二度《にど》とくり返《かえ》すことはない。如来《にょらい》のはたらきに出《で》あう人生《じんせい》は、無常《むじょう》のいのちを生《い》きながら、かならずさとりの浄土《じょうど》に生《う》まれゆく、むなしく終《お》わらぬ人生《じんせい》である。

（『拝読　浄土真宗のみ教え』二六～二七頁）

親鸞聖人のご臨終

ご門徒が亡くなりますと、自宅に伺って臨終勤行《りんじゅうごんぎょう》をおつとめいたします。続いてお通夜お葬式が営まれ、それから一週間ごとのお参りが始まります。初七日《しょなぬか》、二七日《ふたなぬか》……と続いて七七日《なななぬか》（満中陰《まんちゅういん》。四十九日《しじゅうくにち》とも）の法要を迎えます。これらのお参りは、亡くなった方が仏《ほとけ》に成《な》ることができるように、と僧侶が読経していると受け止めている人が少なくありません。そうなると大切な人を迷わせてはいけませんので、僧侶の責任は重大です。故人を仏にするために一生懸命に読経しなくてはなりません。

しかし残念ながら、わたくしはそのような能力は何一つ持ち合わせてはいません。そして浄土真宗の僧侶は（他の宗派の僧侶のことはわかりません）どれほど学問を修めた人でも、お経を上手に読める人でも、そのような能力を持っている人は一人としていません。だからわたくしはホッといたします。なぜなら、亡くなられた人の命をどのようにでもできる僧侶がいたら、わたくしの立場がなくなるからです。

かけがえのない人が亡くなり、悲しみやさびしさの中に身を置いていると、日ごろは仕事第一で浄土真宗のみ教えにご縁の薄い人は、お経やお念仏をついつい自分の都合のいいように受け止めてしまいがちになります。結論を申しますと、亡くなってからでは遅すぎます。生きているただ今、この時にこそ、阿弥陀如来の本願（真実の願い）を聞くことが大切です。

親鸞聖人は青年時代、ご自身が救われていくみ教えを、法然聖人に尋ね求められました。それはどんな悪天候でもわき目もふらず通い続けるという、真剣な姿勢でした。そしてついに二十九歳の時、阿弥陀如来の本願に出遇《あ》うことができたのです。もちろん、生身の人間ですから、生涯苦しみや悩み、腹立ちや嫉《ねた》みの心がなくなったわけではありません。むしろ親鸞聖人は、ご自身の中には仏に成る要素が全くないものと気づかれたのです。このような人間を見捨てず、一番気にかけてお慈悲の心をもってよびかけ、目覚めさせてくださる阿弥陀如来のお心をよろこばれたことでしょう。

親鸞聖人のご臨終の時の様子が、覚如上人によって『御伝鈔《ごでんしょう》』に記されています。

口《くち》に世事《せいじ》をまじへず、ただ仏恩《ぶっとん》のふかきことをのぶ。声《こえ》に余言《よごん》をあらはさず、もつぱら称名《しょうみょう》たゆることなし。

（『註釈版聖典』一〇五九頁）

病いの床に臥《ふ》された親鸞聖人の口から漏れ出るお言葉は、世事（世間の事。……気候や政治や経済や家族などの事柄）ではなく、自分を救ってくださった阿弥陀如来のお慈悲の有り難さだけでありました。その他のことについては何一つ言葉を口にされず、ただ「南無阿弥陀仏、南無阿弥陀仏」と、お礼のお念仏を息が途絶える時まで申されたのです。

わたくしの臨終……不安？　安心？

報恩講の時節に『御伝鈔』のこの文章を折々に拝読をしながら、フトわたくし自身の臨終の時のことが頭に浮かぶことがあります。わたくしはまだ一度も自分の臨終の場に立ったことがありませんから、仮定のことですのでわかりません（当然です）。病苦で「苦しい」と大声で叫ぶかもしれません。

子どもや孫たちのことを、繰り返して話すかもわかりません。もしかしたらお金のことを口にするかも……。ヒト言も発することなく一瞬にして生涯を終えることもありましょう。実は誰もが、その場になってみなければわからないのです。しかし、どう考えても、わたくしは親鸞聖人のように従容《しょうよう》としてお念仏申すということはないと思います。

では、聖人のようにお念仏を申しつつ、静かに臨終を迎えなければ救われないのかといえば、決してそうではありません。平常からお聴聞（聞法）を重ね、阿弥陀如来のご信心を得たならば、どのような状況であろうとも間違いなく往生が定まるご本願です。全然心配しなくてもいいのです。

お念仏をよろこぶ人は、人間としての寿命を終えたならば（臨終を迎えたならば）瞬時にしてさとりを開き、成仏させていただくのです。臨終の時の言動のよし悪しや、社会的地位、財産や知識の多少などは条件になりません。信を得て、お念仏を称えつつご恩報謝の人生を歩まれた人は、阿弥陀如来のご本願を聞信《もんしん》したなら、みな平等に、空《むな》しい人生には決してしないという願いなのですから。

これは親鸞聖人が阿弥陀如来のお慈悲をよろこばれ、わたくしたちに伝えてくださった、浄土真宗のみ教えの大きな特色の一つといってよいでしょう。

自在《じざい》の救《すく》い

念仏《ねんぶつ》申《もう》し浄土《じょうど》へと先《さき》だっていかれた方々《かたがた》は、この世界《せかい》にかえり来《き》て、私《わたくし》たちを念仏《ねんぶつ》の教《おし》えに導《みちび》いてくださっている。

親鸞聖人《しんらんしょうにん》は仰《おお》せになる。

安楽浄土《あんらくじょうど》にいたるひと
五濁悪世《ごじょくあくせ》にかへ《（え）》りては
釈迦牟尼仏《しゃかむにぶつ》のごとくにて
利益衆生《りやくしゅじょう》はきは《（わ）》もなし

浄土《じょうど》で仏《ほとけ》となった方《かた》は、大《おお》いなる慈悲《じひ》の心《こころ》をおこして、迷《まよ》いのなかで苦《くる》しむすべてのものを救《すく》いたいとはたらき続《つづ》ける。さまざまな縁《えん》を通《とお》して私《わたくし》たちを仏前《ぶつぜん》に誘《いざな》い、仏法聴聞《ぶっぽうちょうもん》を勧《すす》めてくださっている。そのはたらきは、釈尊《しゃくそん》が巧《たく》みに人々《ひとびと》を教化《きょうけ》されたように、自在《じざい》であり限《かぎ》りがない。

私《わたくし》たちは、多《おお》くの先人《せんじん》たちの導《みちび》きによって、同《おな》じように浄土《じょうど》への道《みち》を歩《あゆ》ませていただく。この道《みち》は、凡夫《ぼんぶ》が浄土《じょうど》で仏《ほとけ》となり、自《じ》在《ざい》の救《すく》いを行《おこな》うことができる尊《とうと》い道《みち》である。

（『拝読　浄土真宗のみ教え』二八〜二九頁）

見える？　見えない？　本願力

現代人の認識の仕方は、科学的、実証的、合理的な思考で成り立っています。しかし、浄土真宗のみ教えはこれらを十分に踏まえつつも、その場に止まっていては見えてきません。聞こえてはきません。わが家には三歳になる女の孫がいます。時々、わたくしの肩をたたいてくれます。当然ながら本職の人の技術とは比べようもありません。ところがわたくしにとっては、心地良さは本職さん以上です。これは単なる理論では割り切れません。〝心ここに在《あ》らざれば　視《み》れども見えず　聴けども聞こえず〟という言葉を目にしたことがあります。わたくしたちはあまりにも偉大なもの、素晴らしいものは、自分の全知力を傾注しても、その全体像を認識することは極めて難しいことです。また、見たつもりでも自分に都合のよい色メガネを通して見てしまいます。これまで身につけた学問や知識、豊富な人生経験をどれだけ駆使しても、とても見ることはできません。その最たるものが阿弥陀如来の「本願力」です。

しかし、「だから本願力など信じられない。どうして証明できるの？」と理屈を並べます。

迷いのド真ん中にいて、右往左往していること自体に気づかずにいるわたくしに対して、何としても目覚めておくれとよびかけられているのが〝南無阿弥陀仏〟のおよび声なのです。

これにも「いくら耳をそばだてても、その声が聞こえないではないか？」と反論します。

親鸞聖人は「煩悩《ぼんのう》にまなこさへられて　摂取《せっしゅ》の光明《こうみょう》みざれども　大悲《だいひ》も

のうきことなくて　つねにわが身《み》をてらすなり」（『註釈版聖典』五九五頁）

と和讃に詠まれています。

自分自身のはからい（自力）に執われている限り、阿弥陀如来の真実のはたらきは見えません。聞くこともできません。このはからいから解き放《はな》たれた時、いままで見えなかったものが見えてきます。聞こえなかったことが聞こえてきます。

金子みすゞさんは、「昼のお星は眼にみえぬ。見えぬけれどもあるんだよ見えぬものでもあるんだよ」（「星とたんぽぽ」『新装版　金子みすゞ全集』ＪＵＬＡ出版局）と詠まれています。

阿弥陀如来のご信心をいただき、お念仏を申しつつ生涯を終えられた人のいのちは、〝死んだらしまいのいのち〟ではありません。阿弥陀如来の本願力によってお浄土に往生され、さとりを開かれて仏となられたのです。そして仏は自分一人の閉ざされたよろこびの世界にジッとしてはおられません。多くの人々に真実のよろこびを施そうと、限りのない大きなお慈悲の心をおこされます。「慈」とは、迷っているものに対して真実の楽を与え、「悲」は苦しみを抜き除いていこうとする心です。そのために、必ず人間世界（五濁悪世《ごじょくあくせ》）に還《かえ》ってこられて活動をされます。そして「お金さえあれば……学問、地位、名誉さえあれば……」と慌ただしく日を重ねて、仏縁の少ないわたくしに対して、いま、現にはたらきかけていただいているのです。それは自分の耳や目では認識することはできません。

抱《いだ》かれて　ありとも知らず　おろかにも

われ反抗す　大いなる御手《みて》に　（九条武子夫人）

苦悩を縁として

学生時代、ある先生が「人間は幸せな時にお念仏に出遇《あ》うことができたなら、一番理想的です。ところが順調な生活、人生の登り坂の時には仏縁を結ぶことが難しい。愛する人、かけがえのない人との別離などの悲しみや苦しみがご縁となることが多い。このご縁を大切にしてほしい」という趣旨のお話をされました。

皆さんのこれまでの人生はいかがでしたか？　何一つ悲しみや苦しみがなくて、順調そのもので、笑いが止まらない日々の連続でしたか？　逆に先生のお話のように、人生が思うようにならず、悲嘆のどん底の中から仏縁にめぐまれ、お寺参り、お聴聞（聞法）が始まっていまのわたくしがあるという方も少なくないと思います。

凡夫であるわたくしがお浄土に往生して、阿弥陀如来と等しいさとりを得ることも、人間世界（穢土《えど》）に還って人々に仏縁を結ぶ活動も、すべて阿弥陀如来のはたらきです。これは大きな驚きであり、よろこびでもあります。いまわたくしが合掌し、お念仏を称え、礼拝《らいはい》するようなお育てを賜ったことは、亡き人々のご縁あればこそと味わうことができます。そしてわたくしもいのち終えてお浄土に往生させていただいたなら、人間世界に還って多くの人々を真実の世界へ導くため、精いっぱい自由自在に活動できる身にならせていただくのです。この阿弥陀如来のお心を疑わずに聞いていくことが、浄土真宗の特色である〝お聴聞〟です。

光《ひかり》の浄土《じょうど》

浄土《じょうど》は、無量《むりょう》の光《ひかり》に満《み》ちあふれた世界《せかい》。如来《にょらい》の智慧《ちえ》が光《ひかり》となって輝《かがや》き、限《かぎ》りなくはたらき続《つづ》けるさとりの世界《せかい》である。

親鸞聖人《しんらんしょうにん》は、阿弥陀如来《あみだにょらい》の浄土《じょうど》をお示《しめ》しになり、

無量光明土《むりょうこうみょうど》なり

と仰《おお》せになる。

如来《にょらい》の浄土《じょうど》へ生《う》まれるならば、その光《ひかり》のはたらきにより、いか

なる煩悩《ぼんのう》も、浄土《じょうど》と同《おな》じさとりの功徳《くどく》へと変《か》えられる。それはあたかも、海《うみ》へと流《なが》れ込《こ》む川《かわ》の水《みず》が、すべて一味《いちみ》の海潮《うしお》となるような、広大《こうだい》なるはたらきである。

念仏《ねんぶつ》の教《おし》えをいただく者《もの》は、限《かぎ》りない光《ひかり》の浄土《じょうど》へ生《う》まれ、この上《うえ》ないさとりの利益《りやく》を恵《めぐ》まれるのである。

（『拝読 浄土真宗のみ教え』三〇～三一頁）

明と暗

これまでの人生でビジネスやスポーツ、その他の分野で「明暗を分ける（分けた）」現場に立たれた人も多いと思います。ではあなたは「明」と「暗」のどちらを選びますか？　多分、全員が「暗」を避けて「明」の方を取ると思います。しかし、この世はすべて「明」だけではないことは、誰でもよくわかっています。「暗」とは光が届いてなく、前途に展望が開けない苦しい状態です。

仏教では「暗」の同義語としては「冥《みょう》」「闇」「黒」などがあります。親鸞聖人は「世《せ》の盲冥《もうみょう》」「三塗《さんず》の黒闇《こくあん》」「無明《むみょう》の闇《あん》」「無明煩悩の黒業《こくごう》」など多くの表現をされています。これらは人間の迷いや罪業《ざいごう》のことであったり、人間世界（穢土《えど》）のことを意味しています。「暗」とはまさにどうしようもない〝お先真っ暗〟な状態のことです。先が見通せないばかりか、現在立っている場所や本当の自分自身さえもわかりません。

少し話が暗くなりましたので、次に「明」について考えてみましょう。わたくしが幼い時、現在と違ってよく停電がありました。暗闇の中を手探りでお仏壇のところに行き、マッチでローソクに点火して部屋が明るくなり、ホッと落ち着いた経験が何度もあります。皆さんの中には夜遅く学校や職場から帰宅する時、何かの事情で家の中が暗くて不安になったり、さびしい気持ちになったことがありませんか？　わが家に灯火が点《つ》いていれば安心して帰れます。

現在ではほとんど見かけなくなりましたが、少し前までは何軒かのご門徒さん宅には長い間閉じられたままの土蔵《どぞう》がありました。扉《とびら》を開けると、閉じられていた期間の長さだけ時間が経過しなければ部屋の中が明るくならないのではありません。光が差し込んだ瞬間に闇は破れ、明るくなります。冬になりますと部屋の小さなすき間からの陽光で、きれいに掃除してあるハズの部屋の中の空間に、微小なゴミがたくさん浮いているのがわかります。また、厳しい経済不況や苦しい病状が好転の兆《きざ》しが見えてきた時には〝光明が差してきた〟と表現することもあります。やはり「明」の方がいいですネ。

親鸞聖人は二十九歳の時、法然聖人に出遇《あ》われて、それまでの苦悩の「暗」の世界から、歓喜の「明」の世界に大きく転回しました。後光《ごこう》が差すという表現がありますが、親鸞聖人にとっては法然聖人はその言葉がピッタリのお方でした。そんなことあるハズがない！　と否定することは簡単です。しかし、真っ暗闇の中をどう進んでいいのかわからずに苦闘していた親鸞聖人は、法然聖人とお出遇《あ》いし、お念仏に出遇《あ》われました。そしてご自身の人生の方向が定まり、パッと明るくなりました。温和なお人柄を通して真実のみ教えに導いていただいた法然聖人は、正《まさ》に光明を放たれていたお方でありました。

無量光明土

阿弥陀如来の「阿弥陀」の一つの意味は、インドの古い言語（梵語）で「アミターバ」（無量の光の徳を備えた仏さま・無量光）といいます。そして阿弥陀如来の世界（浄土）を親鸞聖人は〝無量光明土《むりょうこうみょうど》〟とよばれました。〝無量〟ですから限りがありません。これに対して、われわれ人間の世界はすべてに限りがあり、執われのある世界です。性別、国籍、老・若、貧・富、賢・愚、善・悪などを区別（時には差別）して見ていく世界です。

阿弥陀如来の無量光明土では、すべての存在が平等に照らされて垣根を作らず（無辺光）、何ものにもさまたげられることもなく（無礙《むげ》光）、濁《にご》りが除かれて（清浄《しょうじょう》光）光明が満ちあふれた世界です。それはあたかも大海にたくさんの川から流れ込んだ清濁《しょうじょく》の水が、区別なく一味《いちみ》同質の海水になるようなものです。

暗闇の中を迷い続け、多くの罪業を重ね、仏になる因《いん》（タネ）を何一つ持ち合わせていない自分。その本当の姿に気づかされ、悲しみが深いことは、阿弥陀如来の光明に照らし出されて知らされたからです。それは同時に阿弥陀如来のお慈悲にしっかりと抱かれ、安心したよろこびの姿でもあります。

現代人の多くは、阿弥陀如来のお慈悲を自分の側に引き寄せて理解しようとする傾向にあります。しかし、どれほど豊富な知識で求めても〝無量光明土〟の世界に到ることはできません。念仏者は阿弥陀如来に自分のすべてを無条件に委《ゆだ》ねて、「南無阿弥陀仏」とお念仏を申しながら〝無量光明土〟の世界を素直にいただくことができるのです。無量光明土（浄土）に往《ゆ》き、仏となって新しいいのちが生まれるから「往生」といいます。

美《うつく》しき西方浄土《さいほうじょうど》

経典《きょうてん》には、阿弥陀如来《あみだにょらい》の西方浄土《さいほうじょうど》が、清《きよ》らかな蓮華《れんげ》が咲《さ》き、麗《うるわ》しくかざられた、さとりの浄土《じょうど》として説《と》かれている。

親鸞聖人《しんらんしょうにん》は、安楽浄土《あんらくじょうど》のさまざまなありさまを、

法蔵願力《ほうぞうがんりき》のなせるなり

と仰《おお》せになる。

美《うつく》しい浄土《じょうど》のありさまは、「迷《まよ》いの凡夫《ぼんぶ》を我《わ》が国《くに》に生《う》まれさせ、

必《かなら》ずさとりに導《みちび》きたい」という阿弥陀如来《あみだにょらい》の願《ねが》いの力《ちから》によってできあがっている。

凡夫《ぼんぶ》は、さとりの世界《せかい》に背《せ》を向《む》け、迷《まよ》いの世界《せかい》にあり続《つづ》けている。阿弥陀如来《あみだにょらい》はそれを哀《あわ》れみ、さとりの内容《ないよう》を凡夫《ぼんぶ》に応《おう》じて示《しめ》される。美《うつく》しくかざられた安楽《あんらく》の世界《せかい》を、夕陽《ゆうひ》の沈《しず》む西方《さいほう》に建立《こんりゅう》して、凡夫《ぼんぶ》の到《いた》るべき世界《せかい》を指《さ》し示《しめ》し、浄土《じょうど》に生《う》まれさせてさとりに導《みちび》かんと願《ねが》われるのである。

（『拝読 浄土真宗のみ教え』三二一～三二三頁）

西方世界の浄土

釈迦如来が涅槃《ねはん》に入られる時、頭北面西右脇《ずほくめんさいうきょう》（頭を北に向け、顔は西の方角に、右脇腹を下にする）の姿勢でした。実は法然聖人のご臨終の時も、親鸞聖人のご往生の時も、同じ姿勢だったのです。このことはお二人が単に釈迦如来の時の儀《ぎ》に倣《なら》っただけではなく、常日頃から西方に憧《あこが》れ、心を深く寄せておられたことと味わわれます。かつてカナダの日系二世のご門徒さんが「わたくしたちのお墓は、日本の方向に向けて建てられています。心はいつも日本の方に向いているのです」と語ってくれたことを思い出します。

今日では八〇パーセント以上の人が、病院で最期《さいご》を迎えられます。そして自宅に戻られると、詰めていた親族・身内の方々が「北枕にしてご安置しなければ」と苦労されている現場に居合わせることがあります。その家の間取りでは、北枕にご安置するにはどうしても無理な時があります。わたくしはその姿勢はとても大事なことですが、必ずしもそれに執われなくてもいいのですよ、と話しますと、少し安心されます。

『仏説阿弥陀経』には「ここから西《にし》の方《ほう》へ十万億《じゅうまんおく》もの仏《ほとけ》がたの国々《くにぐに》を過《す》ぎたところに、極楽《ごくらく》と名《な》づけられる世界《せかい》がある」（『浄土三部経（現代語版）』二一八頁）と説かれています。ところが現代人の多くはどうしても科学的、合理的な思考で判断して、実証できなければ何事においてもおとぎ話か迷信として受け取ってしまいがちです。その代表的なものの一つが〝西方極楽浄土〟です。

親鸞聖人は「阿弥陀仏《あみだぶつ》の本願《ほんがん》が真実《しんじつ》であるなら、それを説《と》き示《しめ》してくださった釈尊《しゃくそん》の教《おし》えがいつわりであるはずはありません。釈尊《しゃくそん》の教《おし》えが真実《しんじつ》であるなら、その本願念仏《ほんがんねんぶつ》のこころをあらわされた善導大師《ぜんどうだいし》の解釈《かいしゃく》にいつわりのあるはずがありません。善導大師《ぜんどうだいし》の解釈《かいしゃく》が真実《しんじつ》であるなら、それによって念仏往生《ねんぶつおうじょう》の道《みち》を明《あき》らかにしてくださった法然聖人《ほうねんしょうにん》のお言葉《ことば》がどうして嘘《うそ》いつわりでありましょうか」(『歎異抄(現代語版)』七頁)と単純明快に阿弥陀如来の本願を、一点の疑いの心もなくスーと胸に受け止められていま す。

それは、阿弥陀如来の本願が真実であるからに他ありません。疑おうにも疑えないのです。親鸞聖人にとっては、西方以外の方角では考えられないのです。現代人にとって浄土の存在(意味)は信じられないけど、何一つ根拠のない六曜《ろくよう》(大安、仏滅、友引など)や、お守り、お札などに関してはいとも簡単にコロッと信じて右往左往しています。

幸のある世界

石はどれほど磨いても石です。阿弥陀如来の智慧の光に照らし出されたわたくしはどう見ても石（凡夫）そのものです。凡夫はお浄土を朝寝、朝酒、朝湯ができて、五感を満たすような世界をイメージします。しかし、いつまでも寝ていれば、それは死です。ひと時の酔いは気分晴らしにはなりますが、すぐに覚めて苦しい現実に戻ります。朝風呂に入って極楽といっても、ぬるければ風邪をひき、熱すぎれば血圧が上がり、すべって転んでケガをするかもわからない極楽です。自分が楽をするために浄土を願っても、真実の浄土に往くことはできません。仏教では「極楽はある。しかし極楽をつくろうとしてはならない。極楽は、つくろうとすれば、消えてなくなる世界である」と教えます。

では阿弥陀如来の西方極楽は、どのような世界なのでしょうか。〝極楽〟はインドの古い言語（梵語）で〝スカーヴァティ〟といいます。この語句の意味は〝幸のある世界〟といいます。『仏説阿弥陀経』には「その国《くに》の人々《ひとびと》は、何《なん》の苦《くる》しみもなく、ただいろいろな楽《たの》しみだけを受《う》けているから、極楽《ごくらく》というのである」（『浄土三部経（現代語版）』二二八頁）と説かれています。この極楽の世界は、楽しみは減らず、なくならず、苦しみに変わることもありません。それは煩悩による迷いから解き放たれ、心身の苦しみがないからです。

そして浄土におけるすべての存在は、形は違っても色が違っても、その違いが認められ、尊重され、受け入れられます。見捨てられることもなく平等に救われていく世界のお名前です。この世界が法蔵菩薩（さとりを開かれる前の阿弥陀如来のお名前）の願いによって建立された極楽浄土です。

それはちょうど、煌々《こうこう》と輝いていた太陽の光が西方の山際に、いまにも沈まんとしているところを、真実清浄な世界と見たのです。

凡夫のわたくしが仏縁にめぐまれて、阿弥陀如来がすべてのいのち（十方衆生）を浄土に往生させたいという、願いのお心を聞くことができました。西方の浄土を憶《おも》い、お念仏申す身となったのは、すべてが阿弥陀如来の大きなはたらきであり、そのはたらきの中に抱かれてあるわたくしであることに気づかされるのです。

かならず再《ふたた》び会《あ》う

先立《さきだ》った方々《かたがた》を思《おも》えば、在《あ》りし日《ひ》の面影《おもかげ》を懐《なつ》かしく思《おも》うとともに、言《い》いようのない寂《さび》しさを覚《おぼ》える。

親鸞聖人《しんらんしょうにん》は、お弟子《でし》に宛《あ》てた手紙《てがみ》の中《なか》で仰《おお》せになる。

浄土《じょうど》にてかならずかならずまちまゐ(い)らせ候《そうろ》ふ(う)べし

再《ふたた》び会《あ》うことのできる世界《せかい》がそこにある。今《いま》ここで、同《おな》じ信心《しんじん》をいただき、ともに阿弥陀如来《あみだにょらい》の救《すく》いにあずかっている。だからこそ、かならず浄土《じょうど》に生《う》まれて再《ふたた》び会《あ》える確《たし》かさを、今《いま》よろこぶことができる。
本願《ほんがん》の教《おし》えに出《で》あえた時《とき》、今《いま》ここで救《すく》われ、再《ふたた》び会《あ》うことのできる世界《せかい》が恵《めぐ》まれる。

(『拝読 浄土真宗のみ教え』三四〜三五頁)

苦悩の有情

旅は楽しいものです。それは旅が終わっても間違いなく帰り着くわが家があればこそ、安心して楽しむことができるのです。長い旅といっても、一週間ぐらいでしょうか。松尾芭蕉（一六四四～一六九四）は、人間の一生を旅に譬《たと》えています。人間の一生ですから、一週間どころではありませんネ。さわやかな天気のような順調な時もありましょう。また、全く予期しない出来事などで強い逆風を受けなければならないつらい時もあります。

私事になりますが、父が約十年間、病床にありました。わたくしが大学四年生の春に亡くなりましたので、卒業して直ちにわたくしは自坊に帰りました。住職不在のような十年間、そしてわたくしが住職になっても何をしてよいのかわからず、寺は十分に機能を果たせませんでした。この時期に総代さん、ご門徒の皆さん方から物心両面にわたって支えていただきました。ここ数年来、五十回忌に当たる方々のご法事は、わたくしがお葬式にお参りをさせていただいた方々です。約半世紀前のことですが、ご法事の当日は生前のお顔が浮かんできます。

至らないわたくしに対して温かい助言や激励、時には厳しいお叱《しか》りを受けたことを思い出します。いまにして思えばわたくしのこと、お寺のこと、そしてご法義のことなどを気にかけてくれたからであったのかと素直に受け取れます。逆にわたくしはご門徒の皆さんに〝再び会うことのできる世界〟という親鸞聖人の素晴らしいみ教えを、お伝えできたのかと問われたならば、申し訳ありません、という一語しかありません。

昨今は宗教、特に仏教が厳しく問われています。非合理的だ、時代遅れだ、死後のことばかりだ等々の声をよく耳にします。しかし、浄土真宗はいつの時代でも誰にでも受け入れられる教えです。人間は苦を厭《いと》い楽を求めて生きることを願います。でも誰一人としてそのように楽なだけの人生を送ることのできる人はいません。楽と思われる中に、苦に転じていく要素がすでに含まれているのです。

例えば若さの中には老いが、健康の中には病が、生の中には死が、表裏一体となって存在しています。加えて家族のこと、仕事のこと、生活のこと、複雑な人間関係など、数えきれないほどの苦悩を抱えているのが凡夫です。阿弥陀如来はその凡夫であるわたくしを「苦悩の有情」とよびかけられ、常に寄り添って支えてくれる仏さまです。わたくしが願う前から、すでに南無阿弥陀仏のお念仏が届けられているのです。お聴聞（聞法）をして、お念仏を称える生活の中から、いままで見えなかったこと、わからなかったことが少しずつ明らかになってきます。それはわたくしが目当てのお念仏であったからです。

「かならず　かならず」

山口県下関市の六連島《むつれじま》に、お念仏を大変よろこばれたお軽《かる》さん（一八〇一〜一八五六）という妙好人がおられました。お軽さんは家庭内（夫婦間）の問題で死さえ覚悟したほどの深刻な悩みを抱えておられましたが、仏縁にめぐまれてお念仏を称える身となりました。

お聴聞を始められた当初は、厚く高い壁に何度もブチ当たり、かえって苦悩が深まったこともありました。しかし、さらにお聴聞を重ねた結果、阿弥陀如来のお心がすでにわが身に至り届いていることに気づきました。苦悩のド真ん中と思っていた世界が大きく転換されたのです。そして「聞いてみなんせ　まことの道を　無理なおしえじゃないわいな」と詠まれるまでのよろこびに変わられたのです。このお軽さんが次のような辞世の句を残されています。

亡きあとにかるをたずぬる人あらば
弥陀の浄土に行《い》たと答えよ

生前すでに自身のいのちの往《ゆ》き先が定まり、何の心配も不安もない安心しきった歌です。この煩悩まみれの身を見捨てずに抱きしめられているいのちに目覚められたのです。この「弥陀の浄土」こそ、親鸞聖人が〝かならずかならず〟と繰り返され、〝待ちまゐらせ候ふ〟とすでに待っていてくださる世界に他なりません。

『阿弥陀経』には「倶会一処《くえいっしょ》」（ともに同じところに集うことができる）と説かれています。千に一つ、万に一つも見捨てることのない、間違いのないお慈悲の確かさが〝かならず〟です。〝かならず〟浄土に往生したならば、同時に阿弥陀如来のはたらきで人間世界（穢土）に還ってくるのです。そしてお念仏のご縁のない方々に対して、縦横無尽にはたらきかける身にならせていただけるのです。

この道は親鸞もゆき唯円《ゆいえん》も
召されてゆきしわれらゆかなん

（梅原真隆）

折々のことば

お正月《しょうがつ》

新《あら》たな年《とし》を迎《むか》える節目《ふしめ》にあたり、いま一度《いちど》みずからを見《み》つめなおし、確《たし》かな足《あし》どりで人生《じんせい》を歩《あゆ》みたいものである。蓮如上人《れんにょしょうにん》は年《とし》の始《はじ》めに、勧修寺村《かじゅうじむら》の道徳《どうとく》に次《つぎ》のように仰《おお》せになった。

道徳《どうとく》はいくつになるぞ
道徳念仏《どうとくねんぶつ》申《もう》さるべし

一《ひと》つ年《とし》を重《かさ》ねるにあたり、あらためて念仏《ねんぶつ》を勧《すす》められたのである。一年《いちねん》また一年《いちねん》と、年《とし》を重《かさ》ねることは、決《けっ》してあたり前《まえ》のことではない。私自身《わたくしじしん》にも、やがてこの世《よ》の縁《えん》の尽《つ》きる時《とき》が来《く》る。阿《あ》弥陀如来《みだにょらい》は、はかなき私《わたくし》たちを哀《あわ》れみ慈《いつく》しんで、念仏《ねんぶつ》せよとはたらきかけておられる。

いま私《わたくし》たちは、真実《しんじつ》の教《おし》えに出《で》あい、念仏申《ねんぶつもう》す身《み》となって、大《おお》いなる安心《あんしん》のなかに人生《じんせい》を歩《あゆ》んでいる。新《あら》たな年《とし》の始《はじ》まりを、念仏《ねんぶつ》とともに迎《むか》えることは、何《なに》よりも大《おお》きなよろこびである。

（『拝読 浄土真宗のみ教え』三八～三九頁）

〈お正月①〉

「喪中」のはがき

毎年十一月中旬頃から、はがきが届き始めます。文面の最初に「喪中《もちゅう》につき……」とあります。かけがえのない肉親を亡くされた悲しみ、いまだ癒《い》えないつらい心情がうかがえます。新年に賑々《にぎにぎ》しくお祝いをし、挨拶を交わす気持ちにはとてもなれないのかもしれません。

私事で恐縮ですが、六年前に母を亡くしました。翌年の年賀状（喪中はがきではありません）に「……昨年三月、母が往生し、さびしい新年を迎えましたが〝喪中〟に執われる必要のない浄土真宗のみ教えを聞かせていただく命を今年も賜わりました……」と記して例年通り出状しました。大方の世間の習慣と違ったわたくしの行動に対して、周囲の視線や声なき声が少々気になりました。しかし、このようなわたくしをしっかりと支えてくださったのは、親鸞聖人の次の二つのことばでありました。

心《こころ》から仏《ほとけ》の恩《おん》の深《ふか》いことを思《おも》い、人々《ひとびと》のあざけりも恥《は》じようとは思《おも》わない。

（『教行信証（現代語版）』一五六頁）

ただ仏《ほとけ》の恩《おん》の深《ふか》いことを思《おも》うのみであり、世《よ》の人《ひと》のあざけりも恥《はじ》とはしない。

（『同』六四五頁）

トンチで有名な一休《いっきゅう》さん。正式には一休宗純《そうじゅん》（一三九四～一四八一）という禅宗の僧侶です。蓮如上人と交流があったともいわれていますが、風狂《ふうきょう》・奇抜な言動で知られています。中でも、正月に京都の街中を、髑髏《どくろ》を担いで歩いたそうです。都《みやこ》の人々の「めでたい正月に縁起でもない」という陰口や批判を気にされなかったそうです。この一休宗純には次のような歌が遺されています。

「門松は冥土の旅の一里塚　目出度《めでた》くもあり目出度くもなし」

禅宗的な発想ではありますが、なるほどと思う一面があります。齢《よわい》を重ねることは一歩死に近づいたことなのに、その厳粛な事実には気づかず、ただ習慣的におめでたいと挨拶を交わしていることに警鐘を鳴らしたのです。世間がどれほどめでたい正月でも忙しい歳末でも、縁にあえば死は逃れることはできません。無常の風は、日も時も場所も選びません。

時々、「今年は家族の者が亡くなったので、お正月に神社へお参りができません。どうしたらよいですか？」と質問を受けることがあります。わたくしは「どうぞお寺にお参りしてください。そして門徒なら、その年だけでなく毎年お参りしてください」と答えます。質問された方は、死者は穢《けが》れているので鳥居をくぐるのは遠慮しないと……と思われたのでしょう。

有り難いことに、浄土真宗は阿弥陀如来のはたらきによって清浄《しょうじょう》な仏さまになり、清浄な世界（お浄土）に往生させていただけるみ教えです。いま生きているわたくしの方が、はるかに穢悪汚染《えあくわぜん》な存在なのです。そのわたくしを仏さまにせずにはおれない、と願われているのが阿弥陀如来です。また、お餅を仏前にお供えすることを躊躇《ちゅうちょ》される人がいますが、一向に差し支えありません。胸を張ってお寺にお参りし、お念仏を称えさせていただき、新年の挨拶をしましょう。

めでたきものはお念仏

正月を迎えて本当に「めでたい」とは、どんなことなのでしょうか。蓮如上人の次のお諭しから味わってみましょう。

「勧修寺村《かじゅうじむら》の道徳《どうとく》が、明応二年《めいおうにねん》の元日《がんじつ》、蓮如上人《れんにょしょうにん》のもとへ新年《しんねん》のご挨拶《あいさつ》にうかがったところ、上人《しょうにん》は、『道徳《どうとく》は今年《ことし》でいくつになったのか。道徳《どうとく》よ、念仏申《ねんぶつもう》しなさい』」（『蓮如上人御一代記聞書（現代語版）』三頁）と言われました。

数《かぞ》え年《どし》では、正月に年齢を一つ重ねます。蓮如上人はそのこと自体がおめでたいことなどではなく、親鸞聖人のお勧めになった信心を決定《けつじょう》し、お念仏申すことが何よりもめでたいことであると、戒められておられるのです。
日ごろは遠方に住んでいる孫たちが、正月にわが家に来て「おじいちゃん、おばあちゃん、あけましておめでとう」と挨拶をすれば、目を細めて「おーおー元気で帰ってきたのー。おめでとう」と言って、お年玉を手渡すのはどこにでも見られる正月の光景です。孫のことですから、年齢を知らないはずはないので「いくつになったのか」と聞く必要はありません。でも「お念仏申そうね」という祖父母は極めて稀《まれ》でしょう。「ナモアミダブツ」のお念仏がお葬式や法事の時だけのお念仏になっているのではないでしょうか。うれしい時、おめでたい時にもお念仏が一番なのです。

元旦や　めでたきものは　お念仏

（木村無相）

〈お正月②〉

一年の計は……

皆さんは、こんな思い出はありませんか？　幼い時に「♪早く来い来いお正月……」と歌ったけれど、お正月は早く来てくれなかったこと。ところが齢を重ねたいまのわたくしは〝正月の早さが老いの早さかな〟と実感するようになりました。特に十二月は三十一日あるにもかかわらず、世間の付き合いや迎春の準備などで日が過ぎていきます。毎年のことながらわたくしは十二月に一年を振り返る余裕はなく、アッという間に大晦日が過ぎて（除夜《じょや》会《え》は盛大に営んでいますヨ）お正月を迎えてしまいます。

「正月」の「正」とは、日ごろの慌《あわただ》しい生活を「一」度「止」めて、この一年をどう過ごすのかを、ゆっくりと考える月だと聞いたことがあります。一年の計は元旦にあり。多くの人が〝今年こそ〟とか〝今年も〟と、目標や計画を立てることでしょう。健康や仕事、人間関係など各人の内容は異なると思いますが。

今年は思い切って〝お念仏を称えよう〟という目標はいかがでしょうか？お念仏を称えることとは、時間も知識もお金も必要ありません。誰でも実行できることです。とはいっても容易ではないのですヨ。まずは元旦にお念仏を称えましょう。ところが、世間ではお祝いの挨拶を交わしている時期なので、お念仏なんて縁起でもないと受け止めている人が結構おられます。それは、お念仏がお葬式やご法事の時だけのものになってしまい、死を連想する言葉になってしまっているからでしょう。新年を迎え、お祝い気分の時には、ふさわしくない言葉であると思い込んでいるのです。

わたくしは結婚式の司婚《しこん》をつとめさせていただくことがあります。式はお念仏で始まり、お念仏で終わります。列席された方々は口々に、「仏式結婚式は初めてでしたが、大変荘厳《そうごん》な雰囲気でとてもよかったです」、と感想を述べてくれます。このおめでたい結婚式の時にお念仏なんて縁起でもない、と言われたことは一度もありません。もちろん、お葬式もお念仏で始まり、お念仏で終わります。お念仏は悲しい時だけでもなく、また、よろこびの時だけでもありません。人生の悲喜《ひき》の涙の時、そして常に寄り添っていただいているのです。

よろこびのお念仏

前年にかけがえのない身内の方との愛別離苦《あいべつりく》を受けられた方にとっては、お正月はとても「おめでとう」と挨拶をする気持ちにはなれません。ましてや年賀はがきを出したなら「なんと非常識な人だ」と嘲笑《ちょうしょう》を受け非難をされかねません。しかし私は、毎年いただく喪中《もちゅう》はがきが、亡くなられた（浄土に往生された）方のお心を本当に表しているのだろうかと考えさせられます。ただ単に世間のしきたりに従って、周囲の人もこれまでされているからという気持ちではないのでしょうか。

ちなみに今日のようなお年玉付き年賀はがきは、一九四九（昭和二十四）年からの発売です。喪中はがきが広く行われるようになったのはそれ以降ですから、長い歴史はありません。そして浄土真宗的な根拠はありません。厳しい愛別離苦をご縁として仏縁が結ばれ、お寺に足を運ぶようになり、お経を読み、お聴聞（聞法）をし、お念仏を称える身になることが、何よりも故人がよろこばれることなのです。

亡くなられた（浄土に往生された）方は、ご自身のいのち全体をかけて〝私との悲しい死別を無駄にしないで〟と無言の説法をされたことでしょう。残された者は〝あなたとのつらいお別れを生かしていきます〟と受け止めることが大切です。笑顔でなくても、大きな声でなくてもいいのです。お念仏を称えましょう。悲しみにあえいでいる立場を理解しない何と無慈悲な、と思われるかもしれません。しかし、後々、なるほどそうであったのかと受け止められるまで、お聴聞をさせていただきたいものです。

誤解のないように一言付け加えるならば、悲しみのご家族に対して弔意《ちょうい》を表す必要はない、といっているのでは全くありません。新年の〝おめでたい〟ということについて考えてみたいのです。まずは一日に一度はお仏壇の前に座ってみましょう。重ねて申しますが、お念仏は〝縁起でもない〟〝不吉なもの〟ではありません。お念仏を称えるのはわたくし自身でありますが、同時に阿弥陀如来のご催促《さいそく》でもあるのです。それは少しでも早く、いのちの大切さ、有り難さ、そしてはかなさに気づいてほしい、目覚めてほしいというやるせないお慈悲《じひ》のはたらきが、わたくしの口からほとばしり出ていただいたのがお念仏なのです。

今年もお聴聞の場に座り、お念仏を称えることのできるいのちを恵まれました。この事実をよろこびながら「南無阿弥陀仏」とお念仏申し、「明けましておめでとう」と新年のご挨拶を交わしたいものです。

お彼《ひ》岸《がん》

彼岸《ひがん》とは、念仏《ねんぶつ》の教《おし》えをいただいたものが、いのち終《お》えて生《う》まれていくさとりの世界《せかい》。仏《ほとけ》となった懐《なつ》かしい方々《かたがた》がおられる、阿《あ》弥《み》陀《だ》如来《にょらい》の西方浄土《さいほうじょうど》のことである。

善導大師《ぜんどうだいし》はお示《しめ》しになる。

西《にし》の岸《きし》の上《うえ》に人《ひと》ありて喚《よ》ばひ《(い)》ていは《(わ)》く
なんぢ《(じ)》一心正念《いっしんしょうねん》にしてただちに来《きた》れ

われよくなんぢ（じ）を護《まも》らん

阿弥陀如来《あみだにょらい》は、「必《かなら》ず救《すく》う、われにまかせよ」と、西《にし》の岸《きし》よりよびかけておられる。如来《にょらい》のよび声《ごえ》は、南無阿弥陀仏《なもあみだぶつ》の名号《みょうごう》となって、今《いま》この私《わたくし》に届《とど》いている。

如来《にょらい》に抱《いだ》かれ、先《さき》に浄土《じょうど》へ生《う》まれた方々《かたがた》に導《みちび》かれて、彼岸《ひがん》へと続《つづ》くただ一《ひと》つの道《みち》、念仏《ねんぶつ》の道《みち》を歩《あゆ》むのである。

（『拝読　浄土真宗のみ教え』四〇～四一頁）

お彼岸は〝仏さま週間〟

木々の枝にも新芽がふくらみ、草花も活き活きとしてきました。古人も「石《いは》ばしる垂水《たるみ》の上のさわらびの萌えいづるはるになりにけるかも」（万葉集志貴皇子《しきのみこ》）と詠んでいます。空気よし、気温よし、そして迎えるのが一週間のお彼岸です。日本独自の仏教行事といわれる「春季彼岸会」が宗派を問わず全国的に営まれます。わたくしはこの一週間を「仏さま週間」と受け止めています。

お彼岸の時期になりますと寒さも緩み、気分も明るくなり、身体も軽く感じられるようになります。それでは多くの人がこの「春季彼岸会」を待ち望んで参拝するかというと、必ずしもそうではありません。〝春はまた花見月見にヒマ入れて、仏の前に参る人なし〟という言葉を目にしたことがあります。桜の名所といわれる所は、押すな押すなと人が集まってきます。残念ながら〝門前市をなす〟というような「彼岸会」のご縁に遇うことは、ほとんどありません。マスコミも、お彼岸を風物詩としてしか報道しません。

テレビの映像や新聞の写真は毎年、同じように水を注いだり、墓前に家族一同が手を合わせている光景です。そして〝お花や果物などをお供えし、線香を焚《た》いて、ご先祖の霊を慰めました〟という内容の解説や記事の説明がつけられています。お参りをした人たちは、日ごろは忙しくて仏さま（ご先祖）をホットケさまにしている罪滅ぼしを、せめてお彼岸中にお墓参りをして帳消しにしようという思いがあるかもしれません。わたくしの記憶では一般紙やテレビで、本堂内の法要の様子や参拝者がお聴聞をされているシーンが出ていたことがありません。

お彼岸の眼目はお聴聞

彼岸とは此岸《しがん》に対する言葉です。此岸は迷いの中にありながら、その迷いに気づかないで多くの苦悩を抱えて生きているこの人間世界のことです。三月のお中日（春分の日）は、太陽が真東から昇り真西に沈みます。煌々《こうこう》と輝いた陽光が徐々に山際に沈むところを、昔から西方極楽浄土と受け止めてきました。ところが科学が発達し、実証的、合理的な思考で生きている現代人にとっては、おとぎ話のようでとても信じることはできません。どれほどの高性能の天体望遠鏡でも確認ができません。宇宙飛行士の報告にも西方の極楽浄土についての情報がないではないか、と冗談半分であっても、このように考える人は相当数いると思われます。

わたくしの住んでいる所は、温泉地で有名な別府市に隣接している町です。自宅からは「地獄」地帯から吹き上がる白い湯煙を見ることができます。その現地に行きますと、何百度という熱湯が湧き出ています。その中に落ちたならとても助かることはできません。仏教では〝地獄はない。しかし地獄をつくってはならない。地獄はないからつくり出すところである〟といわれています。これを世間一般では〝火の車作る大工はなけれども己《おの》が作りて己が乗りゆく〟といわれています。

逆に〝朝寝、朝酒、朝湯〟の生活ができることが極楽でしょうか。それは一瞬の楽のことであって、その楽は苦につながる楽でしかありません。昔から「東は万物の生起するところ、西は万物の終帰するところ」といわれています。ではわたくしはいま、人生をどちらの方角にあゆみを進めているのでしょうか？　ただ感覚的な快楽を求めているのであれば〝万物の終帰するところ〟の西方ではありません。実は、西方から阿弥陀如来が直ちにこの道を歩んできなさいというよびかけに応じていくところが極楽―楽が苦に変わらず、ただ楽だけである世界―です。いま、現にわたくしに対して説かれていることを聞き、お念仏を申すことが、お彼岸の眼目《がんもく》でなくてはなりません。

「仏さま週間」を単なる「お墓参り週間」で終わるのではなく、「お聴聞週間」と位置づけることが大切です。一日なりとも一座なりとも、お聴聞の世界にわが身を置きたいものです。すでに亡くなられたご先祖の方々が命をかけて阿弥陀如来の本願を聞いてほしいと、このわたくしに、はたらきかけてくださっているのです。信心を獲得《ぎゃくとく》して、生死の迷いを超えたさとりの世界―彼岸―に向かって歩んでほしい、と願われている一点を確認したいものです。

「信心《しんじん》を得《え》ていないものであっても、真剣《しんけん》にみ教《おし》えを聴聞《ちょうもん》すれば、仏《ほとけ》のお慈悲《じひ》によって、信心《しんじん》を得《え》ることができるのである。ただ仏法《ぶっぽう》は聴聞《ちょうもん》することに尽《つ》きるのである」（『蓮如上人御一代記聞書（現代語版）』一二四頁）と蓮如上人は仰せになりました。

〈お彼岸②〉

到彼岸（パーラミター）とは

朝夕の暑さが和らぎ、秋のお彼岸をお迎えしました。お仏壇のお掃除をして新鮮なお花をお供えします。お札やお守りのないサッパリとしたお仏壇。このようなお仏壇の前に座りますと、自然と手が合わされます。お念仏が口からこぼれ、頭を下げずにはおれません。昔から〝信は荘厳より生ず〟という言葉があります。〝荘厳〟は〝そうごん〟とは読まず〝しょうごん〟と読みます。一言でいうならば〝おかざり〟といってもいいと思います。〝きれいにおかざりされて、チャンとしたお仏壇の前に座ると阿弥陀如来のお心がスーと届いてくる〟という味わいです。

お仏壇は阿弥陀如来の世界―お浄土―を、凡夫の私たちにもわかるように形をもって表わされたものです。正面に対座しますと、中心にご安置されているのはご先祖ではなく、お位牌《いはい》でもありません。阿弥陀如来をご本尊としてご安置いたします。

浄土は阿弥陀如来の願いによって建立《こんりゅう》された〝清浄な国土（世界）〟ですから、穢《けが》れが微塵もない清浄真実の世界〝浄土〟です。これに対して人間の世界は〝穢土《えど》〟といいます。親鸞聖人はご自身のことを〝罪悪深重《ざいあくじんじゅう》の凡夫〟とか〝煩悩具足《ぼんのうぐそく》の凡夫〟などと厳しい表現をされています。このような凡夫（衆生《しゅじょう》）が群れ集まって出来上がっているのが現実の人間世界ですから〝穢れた国土（世界）〟なのです。穢れの真っただ中に、わが身がどっぷりと沈んでいると、穢土そのものがわかりません。清浄《しょうじょう》真実に出遇《あ》うことによって、自身の不実が明らかになります。

仏教では、この穢土から浄土に到《いた》るには、六つの波羅蜜《はらみつ》の行（パーラミター＝到彼岸《とうひがん》）が説かれてあります。

①布施《ふせ》 ②持戒《じかい》 ③忍辱《にんにく》 ④精進《しょうじん》 ⑤禅定《ぜんじょう》 ⑥智慧の六つです。このうち、①布施行《ぎょう》について考えてみましょう。布施といえば通常、僧侶に対して財物などを施すことだけと受け止めている方が多いのですが（これを財施といいます）これだけではありません。僧侶が葬儀や法事などで読経したり法話をすることを法施《ほうせ》といいます。さらに畏《おそ》れのない心を施す無畏施《むいせ》の布施行もあります。頭の中で理屈としては理解ができますが、いざこの身が実践するとなると大変難しい行です。

例えば財施をしたとしましょう。その額が多ければ多いほど、自分の心に執われた布施行になってしまいます。わたくしが、誰に、どのくらい（または何を）布施をしたのか、ということに心が少しでも執われたならば、それは清浄な布施行にはなりません。その上、自分の布施行に対して相手からお礼の言葉や称讃を心の隅《すみ》にでも期待したなら、これも波羅蜜の行とはいえなくなります。表面上のマネごとでも難しいのに、清浄真実の行の実践は何と厳しいことでしょう。

布施行の一つを見てもこのように大変ですから、残りの五波羅蜜の実践が彼岸に到る行となれば、わたくしは間違いなく落第生です。前に進むことも、後に退くことも、どうにもなりません。では何を依りどころとし、頼りとすればいいのでしょうか。

無条件で直ちに来たれ

このような時、背中をやさしく押し出してくれたら、一歩を踏み出すことができます。また正面から力強く声をかけてくれたらどんなに勇気が出るかわかりません。ここでは七高僧の一人である中国の善導大師《ぜんどうだいし》（六一三～六八一）のお言葉「二河白道《にがびゃくどう》」を味わってみましょう。

穢土であるこの世は、怒り・憎しみ（火の河）と貪《むさぼ》り（水の河）が充満しています。荒れ狂う二つの河に挟まれた浄土への一筋の道。この細くて白い道を前にした一人の旅人に、多くの誘惑の声がかけられ、立ち止まってしまいます。そこに、落第生（凡夫）であることを見通し、その上でなお見捨てることなく条件抜きでよびかけてくれるお方。

それは後方（東の岸…此岸）からは「この道をそのまま前に進みなさい」と釈迦如来の声です。

前方（西の岸…彼岸）からは「どんなことがあっても護ってあげるので、直ちにそのまま来なさい」と阿弥陀如来のよび声が届きます。

さらに「水の河や火の河に落ちることを畏れることはありません」と続きます。

旅人はこの励ましの声を支えとして、何一つ疑うことなく一心に歩を進め、間違いなく彼岸に到ることが出来たのです。わたくしたちもこの旅人と同じように、よび声を支えとして彼岸への最も勝れたお念仏の道を一筋に歩み続けたいと思います。

お盆《ぼん》

亡《な》くなられた先人《せんじん》たちのご恩《おん》に対《たい》し、あらためて思《おも》いを寄《よ》せるのがお盆《ぼん》である。
親鸞聖人《しんらんしょうにん》は仰《おお》せになる。

願土《がんど》にいたればすみやかに
無上涅槃《むじょうねはん》を証《しょう》してぞ
すなはち大悲《だいひ》をおこすなり

これを回向《えこう》となづけたり

浄土《じょうど》へと往生《おうじょう》した人《ひと》は、如来《にょらい》の願力《がんりき》によってすみやかにさとりをひらき、大《おお》いなる慈悲《じひ》の心《こころ》をおこす。迷《まよ》いのこの世《よ》に還《かえ》り来《き》たり、私《わたくし》たちを真実《しんじつ》の道《みち》へ導《みちび》こうと常《つね》にはたらかれるのである。仏《ほとけ》の国《くに》に往《い》き生《う》まれていった懐《なつ》かしい人《ひと》たち。仏《ほとけ》のはたらきとなって、いつも私《わたくし》とともにあり、私《わたくし》をみまもっていてくださる。

このお盆《ぼん》を縁《えん》として、すでに仏《ほとけ》となられた方々《かたがた》のご恩《おん》をよろこび念仏申《ねんぶつもう》すばかりである。

(『拝読 浄土真宗のみ教え』四二~四三頁)

盆はうれしや……

月遅れのお盆の八月は〝民族大移動の月〟とも言われています。暑くても、出費が多くても、故郷《ふるさと》に帰りたいと思う心の方が勝ります。久し振りに家族や親族との語らいで、心身ともにくつろぎの時です。そしてご先祖のお墓参りも大きな目的です。名前や顔も知らないご先祖、亡くなった祖父母や両親などの生前を偲ぶ場でもあります。明治・大正時代の児童文学者の巌谷《いわや》小波《さざなみ》（一八七〇～一九三三）は「盆はうれしや　別れた人が　はれてこの世に会いにくる」と詠んでいます。日本人一般の心情にピッタリの歌です。

ところで、お葬式やお盆、その他の仏事の営み方が地域によって異なり、独特な風習があります。聞いてビックリすることや、なるほどとうなずくこともあります。わたくしの地方ではしばらく前までは、お葬式が済み出棺の時に身内の者がお棺をかかえ三回まわし、会葬された地域の人が、故人が生前使用していたお茶碗を地べたに投げつけて割るという風習がありました。当時まだ若かったわたくしは、なぜこのようなことをするのかと多くの古老に尋ねても「その理由は知りません。ただ昔からしていたから」と言うだけです。

わたくしはお棺をまわすというのは亡くなった人が再びわが家に戻ってこないように、方向感覚をにぶらせて、迷わずに早くあの世にいってほしいという心情の行為ではないか？　またお茶碗を割るということは、わが家に戻っても故人が食事をするお茶碗はもうないので、安心して向こうにいっておくれという思いではないか？　という結論に至りました。

ところがお棺をまわし、お茶碗を割っても、お盆を迎えると三日間だけはわが家に帰ってきてほしいというのです。また、帰ってくると信じているのです。少し理屈が通りませんネ。そして八月十三日にはお墓にお参りして、夕方にはわが家への道筋がよくわかるように灯で明るくして、先祖を迎え入れ（迎え火）、家族や親族など懐かしい人々と会うというのです。十六日には再びあの世に帰るので、道を灯で照らしてお見送りをする（送り火）というのです。先の巌谷小波の歌は、このような人間の心理を捉えて詠まれたものと思います。

ホントウのことを言えば、生前、阿弥陀如来の本願を聞信された人は、たとえ自分のお棺を百回まわされようとも、お茶碗を粉々に砕かれようとも、浄土に往生した直後、迷わずこの人間界に真っ直ぐに還ってくるのです。お盆の三日間だけではありません。ズ〜ッとなのです。心配はありません。安心してください。それが阿弥陀如来の本願のはたらきなのです。

ご先祖をしのび法を聞く

このことを阿弥陀如来の本願を聞いてよろこび、お念仏を称えて生涯を送られた二人の妙好人の言動や歌を通して味わってみましょう。一人は〝讃岐《さぬき》(香川)の庄松《しょうま》〟(一七九九〜一八七二)さんです。庄松さんにはたくさんのエピソードが伝えられていますが、最晩年、病床に臥《ふ》していた時のことです。庄松さんは生涯結婚せず、子どももいませんでした。そこで朋友が話し合って、庄松さんの死後は誰も弔《とむら》う人もいないので、皆でお墓を建ててあげることにしました。そのうちの一人が、庄松さんの枕辺に行って事のいきさつを話し「あとのことは心配しなくてもいいよ」と伝えました。皆はさぞ庄松さんがよろこぶと思っていましたところ「おらぁ、石の下にはおらぬぞ」と言われました。

現在でも時々お葬式の時に弔辞で「どうぞ草葉の陰から……」という言葉を耳にすることがあります。もし庄松さんが聞いたら、おらぁ、キリギリスや鈴虫ではないぞ、と言ったかもしれませんネ。先の庄松さんの言葉は、この世のいのち終えたなら直ちに仏となり、阿弥陀如来と同じように縦横無尽なはたらきをさせていただき、石の下にはジッとしてはおられないことを意味しています。

もう一人は〝六連島のお軽〟さんです。生涯多くの歌を詠まれていますが、次の一首を味わってみましょう。

鮎は瀬に住む小鳥は森に　わたしゃ六字のうちにすむ

鮎も小鳥も居場所がはっきりとしています。そしてお軽さんは阿弥陀如来のお慈悲に抱かれて「南無阿弥陀仏」の六字のうちにいることをよろこばれているのです。

この二人に共通しているのは、何一つ不安はなく安心しきったよろこびの心境がうかがえることです。ですから、お盆には亡き人のご冥福を祈る必要はありません。わざわざお迎えしたり、お送りしたりしなくてもよいのです。墓前にぬかづき、在りし日のご恩やご苦労を偲び、「われにまかせよ必ず救う」という阿弥陀如来のご本願を聞く尊いご縁としたいものです。

報《ほう》恩《おん》講《こう》

報恩講《ほうおんこう》は、宗祖親鸞聖人《しゅうそしんらんしょうにん》の遺徳《いとく》をたたえ、その恩《おん》を報《ほう》ずる法《ほう》要《よう》である。親鸞聖人三十三回忌《しんらんしょうにんさんじゅうさんかいき》に際《さい》し、報恩講《ほうおんこう》と名付《なづ》けられて以来《いらい》、毎年宗祖《まいとししゅうそ》のご命日《めいにち》を縁《えん》として、脈々《みゃくみゃく》と営《いとな》まれ続《つづ》けている。

親鸞聖人《しんらんしょうにん》は、阿弥陀如来《あみだにょらい》の本願《ほんがん》の教《おし》えを明《あき》らかにされ、その九十年《くじゅうねん》のご生涯《しょうがい》を、念仏《ねんぶつ》の道《みち》ひとすじに歩《あゆ》まれた。今《いま》、私《わたくし》たちが、浄土真宗《じょうどしんしゅう》の救《すく》いのよろこびにあえたことも、聖人《しょうにん》のご苦労《くろう》のたまものである。

報恩講《ほうおんこう》に際《さい》し、蓮如上人《れんにょしょうにん》はお示《しめ》しになられた。

すみやかに本願《ほんがん》真実《しんじつ》の他力《たりき》信心《しんじん》をとりて　わが身《み》の今度《こんど》の報土《ほうど》往生《おうじょう》を決定《けつじょう》せしめんこそ　まことに聖人《しょうにん》報恩《ほうおん》謝徳《しゃとく》の懇《こん》志《し》にあひ《（い）》かなふ《（う）》べけれ

他力《たりき》の信心《しんじん》を得《え》て浄土《じょうど》の往生《おうじょう》を決定《けつじょう》することこそ、親鸞聖人《しんらんしょうにん》のご恩《おん》に対《たい》するなによりの報謝《ほうしゃ》となるのである。

（『拝読　浄土真宗のみ教え』四四～四五頁）

〈報恩講①〉

わたくしは「門徒」？

　数年前、中国地方にある本願寺の会館の「報恩講」に十一月下旬に寄せていただきました。当日の法話の最後に「本日お参りの皆さん方の多くは、約一カ月後の日のためにお菓子屋さんにケーキの予約をされていると思います。しかし、今日は報恩講で親鸞聖人のご生涯のご苦労の一端とご恩をしのばせていただきました。ご自宅への帰途、予約を取り消しましょう」と話したところ、笑い声とともに多くの人が頭を横に振っておられました。

　わたくしは続いて「長い間、近所のお付き合いのある顔見知りのお店では言い出しにくいと思います。そこでこのような相談をされたらいかがでしょうか。それは今回は解約しますが、来年の四月八日（釈尊の誕生日）と五月二十一日（親鸞聖人の誕生日）の二回、ケーキを買います。約半年後になればば昨年までは一回のところ、来年は二回買ってくれるから、お店の方も喜ばれると思いますよ」と話すと、堂内はさらに大きな笑い声となりました。

ところが、翌年の正月にいただいた年賀状の中に次のような一通がありました。通常の印刷された文章以外に自筆で「我が家では、昨年はクリスマスケーキを買いませんでした」と書かれていました。わたくしはビックリしました。「昨年は……」とありますから、その前年までは世間の流れの中で疑問も抱かず、家族でおいしくケーキを食べて「ジングルベル」を歌っていたのかもしれません。しかし、お聴聞することによって仏教徒、門徒としてお祝いをする行事・法要が明らかになったということでしょう。わたくしはとてもうれしく思いました。

法話を聞いてうなずくことはありますが、行動に移すことは勇気のいることです。皆さんはどう思われますか？　キリスト教徒にとっては、十二月二十四日のクリスマス・イヴは年間の大切なお祝いの行事の一つです。しかし、四月八日や五月二十一日はお祝いをしません。それでいいのです。その日はわたくしたち仏教徒・浄土真宗の門徒が盛大にお祝いをする日なのです。宗教に対する日本人のおおらかさといいかげんさは似ていますが、根本は違います。本題からは少しそれたようですが、浄土真宗の問題点を確認することが大切です。

「報恩講」こそ

では、報恩講はどうでしょうか？　現在、わたくしたちの宗派には全国に約一万二百の寺院があります。「永代経法要」や「彼岸会」などが営まれない寺院はあっても「報恩講」が営まれない寺院はありません。最も丁重にお迎えし、おつとめさせていただく法要です。あるご住職は、法要当日まで一週間かけて本堂の内陣のお荘厳《しょうごん》（おかざり）をされるそうです（仏具のお磨《みが》きやお餅つきは別だそうです）。二日間で十分時間は足りるのですが、親鸞聖人のご恩を思いながら一つ一つ仕上げていくとおっしゃいます。私自身の心がけを反省させられました。

真宗門徒としては、何としてもこの法要にご縁を結びたいものです。蓮如上人は「この御正忌《ごしょうき》（報恩講のこと）をもつて報謝《ほうしゃ》の志《こころざし》を運《はこ》ばざらん行者《ぎょうじゃ》においては、まことにもつて木石《ぼくせき》にひとしからんものなり」（『註釈版聖典』

一二三二頁）とお諭《さと》しされています。「報恩講」は宗祖親鸞聖人の御仏事（ご法事）です。地方によっては親しみを込めて「ホンコさん」といいます。また「お取り越し」とか「御引上会《ごいんじょうえ》」ともいいます。これは早めに〝取り越し〟て、また〝引き上げ〟て営み、一月九日から十六日までのご本山（西本願寺）の「御正忌報恩講」にお参りをするためです。

ここで恩という言葉について考えてみましょう。この言葉はもともと「私のためになされたさまざまなことを知る」という意味です。それは直接的・間接的なもの、物質的・精神的なもので、とても数字では推し量ることができません。わたくしたちは、いやわたくしは、自分に受けた恩は忘れがちです。反対に他に施した（と思っている）恩のことは、小さなことでも忘れません。恩着せ上手の私です。その恩に気づいて「ありがとう」「おかげさま」

と受け止める心を日頃は忘れがちな「忘恩《ぼうおん》」の生活です。この度の「報恩講」をご縁として、親鸞聖人はわたくしに何を伝えてくださったのか、そして何を願われたのかを、じっくりとお聴聞させていただきましょう。宗祖親鸞聖人に対する「忘恩」の生活から「報恩」の思いをいま一度確認する大切な御仏事です。

親鸞忌　身を粉にしても　報ずべし

（池田嘉禄）

〈報恩講②〉

恩着せ、恩忘れの私

若い世代の方にとって〝恩〟と言えば、古くさい、時代遅れと思う人が結構おられます。逆に年配の方にとっては、イヤなことを思い出す人がいるかもしれません。特に戦前においては、国家権力によって強制的に〝恩〟の教育を押し付けられた苦い経験を持たれた方もおられると思います。国や親に対して「……しなければならない」と、有無を言わさずに教え込まれた歴史があります。

わたくしには四人の子どもがいます。子どもたちが万が一、ノーベル賞や文化勲章を受章したり、オリンピックでメダルを手にしたら、飛び上がってよろこぶことと思います。わたくしの鼻は少々高くなりそうです。子育てには苦労した甲斐があったと、心中誇らしげに思うに違いありません。ところが、子どもがわたくしに面と向かって自分が努力したから、自分には才能があったからだと言われたら、わたくしは子どもにどんな言葉を投げかえすかわかりません。逆に親のおかげですと感謝の言葉をもらうと、わたくしは間違いなくニコニコ顔になることでしょう。

なんとわたくしは恩着せ上手な人間でしょうか。また、わたくしの今日までの人生は順風満帆な日々ではなく、多くの人たちに支えられてきました。その時その時には感謝の気持ちは持ちましたが、時間の経過とともにその心が薄れたり忘れてしまうことが多々あります。どうもわたくしは恩忘れが得意な人間のようです。

私のための報恩講

覚如上人は、親鸞聖人の三十三回忌の時（一二九四年）、『報恩講私記《しき》』を著されて、聖人の三つのお徳を示して讃《たた》えられています。

それは①浄土真宗を興《おこ》され弘《ひろ》められたこと　②自分勝手な教えを説いたのではなく、阿弥陀如来の本願にかなった教えを説かれたこと　③親鸞聖人が往生された後まで、末法の世の凡夫《ぼんぶ》を導いてくださることです。

これ以後、親鸞聖人のご命日を縁として営むお仏事を「報恩講」と名づけて浄土真宗にとって一番大事な法要として今日まで受け継がれています。

恩着せ上手なわたくし、恩忘れが得意なわたくしは、親鸞聖人の三つの恩《おん》徳《どく》を感じることなく、慌《あわ》ただしく日を過ごしています。このようなわたくしですから、厳しい自力修行をして仏に成る道はどうしても見つかりません。外面は他人をうまくごまかせても、阿弥陀如来はわたくしをチャンと見通されています。愛欲（性欲ではありません）に惑《まど》い、名誉やお金に執《とら》われ続けているわたくしです。これらの誘惑を断《た》って、さとりを開き仏に成ることの可能性は0パーセントです。

親鸞聖人は九歳で出家・得度《とくど》されて天台宗の僧となり、比叡山に上《のぼ》られました。そして学問、修行を重ねられてご苦労されたのは、煩悩を断って、きれいな身体と心になって仏と成り、仏の教えを弘めることが目的でした。しかし、真剣に取り組めば取り組むほど、ますます苦悩の中に身を置くことになり、万策尽きてしまわれたのです。そして二十九歳の時、生涯の師である法然聖人と出遇《あ》われて自力聖道《しょうどう》の道を棄《す》てられ、阿弥陀如来に帰依《きえ》されました。

幼い時から二十年間身に染みついた仏道の生活の在り方を、百八十度変えることは大変なことです。わたくしの知人に長い間身体に悪いと知りながらタバコを吸ったり、アルコールを飲んでいる人がいました。医師からこのままの生活を続ければ命の保障はできませんと告げられてやっと断ちました。嗜好品《しこうひん》でも一大決心です。ましてや仏に成る道を百八十度転換することは大変なことです。

現在、全国の真宗寺院で営まれる報恩講。地域によっては、ご門徒宅でも営まれる報恩講。その意義はわかっているツモリではありましたが、これまでただ習慣として営んできたような反省の気持ちが生まれてきました。親鸞聖人はご自身の仏事を厳粛、盛大に営んでくれるからおよろこびになるのではありません。蓮如上人は「信心《しんじん》を決定《けつじょう》しなければ、このたびの浄土《じょうど》往生《おうじょう》は定《さだ》まらない」と指摘をされ、続いて「浄土真宗《じょうどしんしゅう》においては、信心《しんじん》がなによりも大事《だいじ》であるということを知《し》らなければなりません。（中略）世間《せけん》の人《ひと》は信心《しんじん》がなくても、ただ念仏《ねんぶつ》さえしていれば浄土《じょうど》に生《う》まれるように思《おも》っていますが、それはおおいに疑《うたが》わしいことです」（『御文章―ひらがな版』二六五頁）と戒《いまし》められています。

さあ―大変です。わたくしが問われることになりました。

この報恩講の仏事をご縁として、まずわたくしが聴聞の場に身を置いて、阿弥陀如来の本願――すべてのいのちを仏にせずにはおかないという根本の願い――をよくよく聞信《もんしん》させていただきます。そして信心を獲得《ぎゃくとく》して仏に成らせていただく身に定まることが、親鸞聖人のご苦労とご恩徳に報《むく》いることであり、聖人が一番およろこびになられることなのです。

あとがき

仏教（浄土真宗）に関心はありますが、〝ことば〟がよくわかりません。「やさしい〇〇」とか「〇〇入門」と題名のついた仏教書でも内容が難しくて親しめません、という声を耳にします。仏教の〝ことば〟が広く民衆に伝えられたのは、蓮如上人の活動によるところが大きいといわれています。草鞋《ぞうり》の鼻緒が足に食い込むほど、各地を回られて語られました。また、ご門徒衆に対して多くのお手紙――『御文章』――を通して、浄土真宗のみ教えを伝えられました。語る〝ことば〟もお手紙の〝ことば〟も、ご門徒衆の目線に立って、理解しやすい表現でありました。

しかし時代が下がるにしたがって、仏教本来の〝ことば〟の意味が伝わるにくくなりました。わが家では、お内仏の晨朝勤行の最後は、蓮如上人の『領解文《りょうげもん》』の出言《しゅつごん》（唱和）です。二十年ほど前、あるご住職が『領解文』の一節である「一期《いちご》を限り…」を、ご門徒が長い間「イチゴをかじり…」と誤解していました、と語っておられたことを思い出します。冗談でなく、「人身」（『御文章』）が「ニンジン」に、「旧里」（『歎異抄』）が「キュウリ」にならなければいいがと危惧いたします。

西本願寺が発行する『大乗』は主として門信徒の方を対象として月刊誌です。仏教用語を現代文に言い換えれば、すべてが解決されるとは思いません。しかしまず〝ことば〟の溝を少しでも埋めるべく、経典や聖典の現代語訳を主にして筆を執りました。そして解説、解釈だけでなく、み教えのお味わいを中心にしました。また、み教えに出遇《あ》われて人生を前向きに、明るく、力強く生き抜かれた方々の言行等を具体的にご紹介しました。それは、浄土真宗のみ教えは単に知識を身につけることだけではなく、〝お念仏の中の生活〟という点が大切だからです。願わくばこの本を手にされた方が、一人でも多く浄土真宗に親近感を抱かれ、お聴聞（聞法）の場に身を置く機縁の第一歩となれば、望外の喜びです。

最後に、『大乗』連載中、直接・間接にご助言や感想等を寄せていただきました方々にお礼を申し上げます。大きな励ましとなりました。併せて、本書の出版に際してお世話になりました本願寺出版社の皆さまに心よりお礼を申し上げます。有り難うございました。

二〇一五（平成二十七）年七月　藤井邦麿

あとがき

■著者紹介

藤井　邦麿（ふじい　くにまろ）

本願寺派布教使。大分県正善寺住職。

著書『朋友―浄土真宗入門のてびき』『65歳からの仏教―おとなのための浄土真宗入門―』（ともに共著・本願寺出版社）他

本書は月刊誌『大乗』の二〇一三年四月号～二〇一五年三月号掲載の法話を収録し、加筆・訂正を加えております。

『拝読 浄土真宗のみ教え』の味わい

二〇一五年八月二十日　第一刷発行
二〇一六年四月十五日　第二刷発行

著者　藤井邦麿

発行　本願寺出版社
〒六〇〇-八五〇一
京都市下京区堀川通花屋町下ル
浄土真宗本願寺派（西本願寺）
電　話　〇七五-三七一-四一七一
ＦＡＸ　〇七五-三四一-七七五三
http://hongwanji-shuppan.com/

印刷　株式会社 図書印刷 同朋舎

日本音楽著作権協会(出)許諾第１５０６６１６-６０２号
定価はカバーに表示してあります。
不許複製・落丁乱丁はお取り替えします。
ISBN978-4-89416-031-6 C0015
BD03-SH2-①40-61